कोडिंग से करियर तक

भविष्य का पासवर्ड

प्रियंका वर्मा

डायमंड बुक्स
www.diamondbooks.in

प्रकाशक : डायमंड पॉकेट बुक्स प्रा.लि.
X-30, ओखला इंडस्ट्रियल एरिया, फेज-2
नई दिल्ली-110020
फोन : 011-40712200
ई-मेल : wecare@diamondbooks.in
वेबसाइट : www.diamondbooks.in
संस्करण : 2025

प्रस्तावना

द बिग बुक ऑफ़ कोडिंग फॉर टीनएजर्स - प्रोग्रामिंग, सॉफ्टवेयर और एआई करियर के लिए अंतिम संसाधन मार्गदर्शिका में आपका स्वागत है। यह पुस्तक कोडिंग, कंप्यूटर और भविष्य के करियर की आकर्षक दुनिया में आपकी मित्रवत मार्गदर्शिका है।

हम जानते हैं कि कोड सीखना पहली बार में भ्रमित करने वाला या यहां तक कि डरावना भी लग सकता है। लेकिन ऐसा होना ज़रूरी नहीं है। यह पुस्तक विशेष रूप से हाई स्कूल के छात्रों (कक्षा 9-12) के लिए लिखी गई है, जिसमें किसी पूर्व कोडिंग ज्ञान की आवश्यकता नहीं है। चाहे आप एक जिज्ञासु शुरुआती हों या कोई तकनीकी करियर के बारे में सोच रहा हो, यह पुस्तक आपको चरण-दर-चरण बताएगी कि कोडिंग क्या है, इसे कैसे सीखें और यह आपको कहाँ ले जा सकती है।

हमने बड़े विचारों को सरल बनाया है, वास्तविक जीवन की उपमाओं का उपयोग किया है, और आपके सीखने की यात्रा को रोमांचक और सार्थक बनाने के लिए व्यावहारिक युक्तियाँ, गतिविधियाँ और करियर अंतर्दृष्टि शामिल की हैं। एनईपी 2020, एनसीएफ 2023, और सीबीएसई के एआई और कंप्यूटर विज्ञान कौशल मॉड्यूल के साथ संरेखित, इस पुस्तक का उद्देश्य है:

- तकनीकी शिक्षा में आपका आत्मविश्वास बढ़ाना
- व्यावहारिक कोडिंग टूल और प्लेटफार्मों के लिए दरवाज़े खोलना
- आपको कॉलेज, करियर और नवाचार के लिए तैयार करने में मदद करना

आइए डिजिटल दुनिया को खोलें—एक समय में कोड की एक पंक्ति! – लेखक

– प्रियंका वर्मा

विषय-सूची

अध्याय 1

कोडिंग क्या है, और मुझे इसकी परवाह क्यों करनी चाहिए?

परिचय: आइए "कोडिंग" को डिकोड करें

क्या आपने कभी किसी से कोई सवाल पूछा है, माइनक्राफ्ट जैसा गेम खेला है, ऑनलाइन खाना ऑर्डर किया है, या इंस्टाग्राम पर अंतहीन स्क्रॉल किया है? यदि हाँ, तो अंदाज़ा लगाइए - आप हमेशा से कोडिंग के जादू का उपयोग करते रहे हैं!

कोडिंग, जिसे प्रोग्रामिंग भी कहा जाता है, कंप्यूटर को क्या करना है यह बताने की कला है। ठीक वैसे ही जैसे हम एक-दूसरे से संवाद करने के लिए हिंदी, अंग्रेज़ी, या तमिल जैसी अलग-अलग भाषाओं का उपयोग करते हैं, हम कंप्यूटर के साथ संवाद करने के लिए प्रोग्रामिंग भाषाएं नामक विशेष भाषाओं का उपयोग करते हैं।

अपने मूल में, कोडिंग तर्क का उपयोग करके समस्याओं को हल करने और कुछ करने के लिए मशीनों को चरण-दर-चरण निर्देश देने के बारे में है। एक उदाहरण लेते हैं: आप एक रोबोट से अपने दाँत ब्रश करवाना चाहते हैं। आप बस यह नहीं कह सकते, "हे रोबोट, जाओ मेरे दाँत ब्रश करो!"

आपको सटीक निर्देश देने होंगे:

- सिंक तक चलो।
- टूथब्रश उठाओ।
- टूथपेस्ट का ढक्कन खोलो।
- टूथपेस्ट निचोड़ो।
- 2 मिनट तक गोलाकार गति में दाँत ब्रश करो।
- मुँह कुल्ला करो।

देखा? कोडिंग ऐसी दिखती है—स्पष्ट, तार्किक, चरण-दर-चरण निर्देश।

वास्तविक जीवन की उपमा: कोडिंग एक नुस्खे की तरह है

कल्पना कीजिए कि आप एक केक बना रहे हैं। नुस्खा कहता है:

- 2 कप आटा लें।
- 1 कप चीनी डालें।
- अंडे और दूध के साथ मिलाएं।
- 180°C पर 30 मिनट तक बेक करें।

आप एक स्वादिष्ट केक बनाने के लिए नुस्खा का पालन करते हैं। इसी तरह, एक कंप्यूटर एक कार्य को पूरा करने के लिए आपके "कोड" का पालन करता है—जैसे संगीत बजाना, गणित की समस्या हल करना, या एक वेबसाइट खोलना।

हम रोज़मर्रा की ज़िंदगी में कोड कहाँ देखते हैं?

हम एक डिजिटल दुनिया में रहते हैं, और हमारे आसपास लगभग सब कुछ कोड द्वारा संचालित है। आइए अपनी दैनिक दिनचर्या से कुछ उदाहरण देखें:

दैनिक कार्य	कोड कैसे शामिल है
फेस आईडी से फोन अनलॉक करना	एआई-आधारित कोड आपके चेहरे का मिलान करता है
YouTube देखना	कोड सर्वर से वीडियो स्ट्रीम करता है
Google मैप्स	कोड सबसे छोटा मार्ग और ट्रैफ़िक अपडेट ढूंढता है
भुगतान के लिए QR स्कैन करना	कोड लेनदेन को सुरक्षित रूप से संभालता है
व्हाट्सएप में टाइप करना	ऑटो-करेक्ट और इमोजी कोडित सुविधाएँ हैं
BGMI या फ्री फायर खेलना	गेम इंजन हज़ारों लाइनों के कोड का उपयोग करते हैं

हमारे घर भी स्मार्ट हो रहे हैं—स्मार्ट पंखे, स्मार्ट बल्ब और एलेक्सा जैसे वॉयस असिस्टेंट—ये सभी कोड पर चलते हैं।

आपको कोडिंग क्यों सीखनी चाहिए?

आइए वास्तविक बनें। कोडिंग तकनीकी या अजीब लग सकती है, लेकिन यह उन सबसे महत्वपूर्ण और मज़ेदार कौशलों में से एक है जिन्हें आप आज सीख सकते हैं। **यहाँ 5 ठोस कारण दिए गए हैं:**

1. यह तार्किक सोच का निर्माण करता है कोडिंग आपके मस्तिष्क को समस्याओं को चरणों में हल करने के लिए प्रशिक्षित करती है, ठीक वैसे ही जैसे एक पहेली को हल करना या शतरंज खेलना। यह आपकी विश्लेषणात्मक सोच को तेज़ करती है।

2. यह रचनात्मकता को बढ़ावा देता है अपना ख़ुद का गेम बनाना चाहते हैं या एक वेबसाइट डिज़ाइन करना चाहते हैं? कोडिंग के साथ, आपके विचार जीवन में आते हैं। आप केवल एक उपयोगकर्ता नहीं हैं—आप एक निर्माता बन जाते हैं।

3. यह शानदार करियर की ओर ले जाता है सॉफ्टवेयर डेवलपर, गेम डिज़ाइनर, एआई इंजीनियर—तकनीकी दुनिया फलफूल रही है, और कुशल कोडर की विश्व स्तर पर मांग है।

4. यह अन्य विषयों में भी मदद करता है कोडिंग गणित, विज्ञान और यहां तक कि भाषा विषयों में भी आपके प्रदर्शन में सुधार करती है। यह आपको स्पष्ट रूप से सोचने और बेहतर ढंग से समझाने में मदद करती है।

5. यह आपको भविष्य के लिए तैयार करता है एआई, ऑटोमेशन और डिजिटल तकनीक द्वारा संचालित दुनिया में, कोडिंग भविष्य की भाषा है। यह हर उद्योग में अवसर खोलती है—स्वास्थ्य से लेकर अंतरिक्ष तक।

मिथकों को तोड़ना: कोडिंग केवल जीनियस के लिए नहीं है

आइए कोडिंग के बारे में कुछ सामान्य मिथकों को दूर करें:

मिथक	सच्चाई
"आपको गणित का टॉपर होना चाहिए।"	नहीं! कोडिंग तर्क और सोचने के बारे में अधिक है। गणित मदद करता है, लेकिन यह अनिवार्य नहीं है।

"केवल लड़के ही इसमें अच्छे होते हैं।"	पूरी तरह से गलत! कोडिंग सबके लिए है—लड़कियाँ, लड़के, कलाकार, विचारक, कहानीकार।
"यह उबाऊ और संख्याओं से भरा है।"	बिलकुल नहीं! आप कोड के माध्यम से संगीत बना सकते हैं, गेम बना सकते हैं, कहानियों को एनिमेट कर सकते हैं, और बहुत कुछ कर सकते हैं।
"शुरू करने के लिए आपको 18+ होना चाहिए।"	आप किसी भी उम्र में शुरू कर सकते हैं—यहां तक कि 5 साल के बच्चे भी कहानियों को कोड करने के लिए स्क्रैच का उपयोग करते हैं।

मज़ेदार उदाहरण: एक्शन में कोड (गेम संस्करण)

मान लीजिए आप एक मिनी-गेम बनाना चाहते हैं जहाँ:

• एक बंदर केले इकट्ठा करता है।
• हर बार जब वह कूदता है और एक केला पकड़ता है, तो स्कोर बढ़ता है।
• खेल तब समाप्त होता है जब बंदर 3 केले चूक जाता है।

इस गेम को बनाने के लिए, आप करेंगे:

• पात्रों (बंदर और केले) को बनाएं।
• हरकतों (कूदना, गिरना) को परिभाषित करें।
• शर्तें निर्धारित करें (यदि केला पकड़ा गया, स्कोर++; यदि चूक गया, जीवन--)।
• एक लूप जोड़ें (खेल 3 जीवन खोने तक चलता रहता है)।
• अंतिम स्कोर दिखाएं।

ये सभी चरण कोड का उपयोग करके किए जाते हैं। और हाँ, आप इसे स्क्रैच जैसे सरल ब्लॉक-आधारित उपकरणों का उपयोग करके बना सकते हैं!

यह कोशिश करें: कोड के बिना कोड! यहाँ एक मज़ेदार चुनौती है।

अपने दाँत कैसे ब्रश करें, इसे चरण-दर-चरण निर्देशों के रूप में लिखें।
उदाहरण:

- बाथरूम में जाओ।
- टूथब्रश उठाओ।
- टूथपेस्ट निचोड़ो।
- ऊपर के दाँत ब्रश करो (10 सेकंड)।
- नीचे के दाँत ब्रश करो (10 सेकंड)।
- मुँह कुल्ला करो।
- ब्रश वापस रखो।

बधाई हो! आपने अभी अपना पहला एल्गोरिदम लिखा है—किसी कंप्यूटर की आवश्यकता नहीं!

कोड डिजिटल दुनिया की महाशक्ति है अपने स्मार्टफोन के बारे में सोचो। यह बना है:

- एक स्क्रीन
- एक बैटरी
- बटन
- एक प्रोसेसर

लेकिन जो इसे स्मार्ट बनाता है वह है सॉफ्टवेयर—एप्स, सेटिंग्स, कैमरा

फिल्टर, सुरक्षा, रिमाइंडर। और वह सॉफ्टवेयर कोड का उपयोग करके लिखा जाता है।
कोड के बिना, एक फोन धातु और प्लास्टिक का एक डिब्बा मात्र है। कोड के साथ, यह आपका सबसे अच्छा दोस्त, ट्यूटर, कैलकुलेटर, मनोरंजन प्रणाली और फिटनेस ट्रैकर बन जाता है—सब एक में।

भारत तकनीकी दुनिया को कैसे शक्ति दे रहा है

भारत पहले से ही एक वैश्विक तकनीकी केंद्र है। **प्रमुख भारतीय कंपनियाँ जैसे:**
- इन्फोसिस
- टीसीएस
- विप्रो
- जोहो
- बायजूज़

...ये सभी सॉफ्टवेयर पर चलती हैं। और भारतीय दिमाग़ वैश्विक कंपनियों का भी नेतृत्व कर रहे हैं!

- सुंदर पिचाई (गूगल के सीईओ)
- सत्य नडेला (माइक्रोसॉफ्ट के सीईओ)
- अरविंद कृष्णा (आईबीएम के सीईओ)

आप अगले हो सकते हैं।

विचार प्रयोग

आप डिजिटल-फर्स्ट इंडिया के प्रधान मंत्री हैं। आप कोडिंग से कौन सी समस्या हल करेंगे? **यहाँ कुछ विचार दिए गए हैं:**
- ट्रैफिक जाम?

• स्कूल होमवर्क रिमाइंडर?
• पानी बचाने वाले सेंसर?

अपना ड्रीम एप डिज़ाइन करें। इसे एक नाम दें। यह क्या करता है? सोचो। स्केच। योजना बनाओ। ऐसे ही तकनीकी उद्यमी शुरुआत करते हैं।

कोडिंग केवल आईटी कंपनियों के लिए नहीं है

आप सोच सकते हैं कि कोडिंग केवल तकनीकी कंपनियों में मायने रखती है। यह सच नहीं है! यहाँ बताया गया है कि कोडिंग का उपयोग कहाँ किया जा रहा है:

क्षेत्र	**कोडिंग कैसे मदद करती है**
कृषि	मिट्टी के स्वास्थ्य पर नज़र रखना, मौसम अलर्ट
स्वास्थ्य सेवा	रोग निदान के लिए एआई
मनोरंजन	एनिमेशन, फिल्मों में सीजीआई
अंतरिक्ष	उपग्रह, मंगल मिशन, इसरो परियोजनाएँ
शिक्षा	बायजूज़, वेदांतू जैसे ई-लर्निंग प्लेटफॉर्म

किशोर कोडर जिन्होंने भविष्य का निर्माण किया तन्मय बख्शी

5 साल की उम्र में कोडिंग शुरू की। अब 18 साल की उम्र में Google AI विशेषज्ञ और प्रेरक वक्ता हैं। हर्षिता अरोड़ा एक क्रिप्टोकरेंसी ट्रैकिंग एप बनाया। एप्पल और फोर्ब्स द्वारा फीचर की गईं। वह सिर्फ 16 साल की थीं। श्रद्धा शर्मा 15 साल की उम्र में एक संगीत चैनल शुरू किया। अपने दर्शकों को बनाने के लिए तकनीक का उपयोग किया और अब अपना ख़ुद का मंच चलाती हैं। उन सभी में क्या समानता है? उन्होंने छोटे से शुरू किया। जिज्ञासु रहे। निर्माण करते रहे।

आप क्या बनाएंगे ?

हर कोडर की यात्रा जिज्ञासा से शुरू होती है। पूछना शुरू करें:

• इस एप के पीछे क्या है?

• यह गेम कैसे काम करता है?

• क्या मैं कुछ बेहतर बना सकता हूँ?

एक बार जब आप पूछना शुरू कर देंगे, तो आप सीखना, निर्माण करना और अंततः नेतृत्व करना शुरू कर देंगे।

त्वरित पुनरावृत्ति

आइए संक्षेप में बताएं कि आपने इस अध्याय में क्या सीखा है:

• कोडिंग कंप्यूटर को कार्य करने के लिए निर्देश देना है।

• आप हर जगह कोड देखते हैं: फोन, गेम, एआई, बैंक, स्कूल।

• कोडिंग तार्किक सोच, रचनात्मकता और भविष्य के लिए तैयार कौशल का निर्माण करती है।

• कोई भी कोडिंग सीख सकता है—केवल टॉपर्स या इंजीनियर ही नहीं।

• दुनिया को अधिक विचारकों, सपने देखने वालों और करने वालों की ज़रूरत है—आप जैसे।

स्व-जांच: प्रश्नोत्तरी का समय!

• एक वाक्य में कोडिंग क्या है?

• अपने दैनिक जीवन में कोड का उपयोग कहाँ किया जाता है, ऐसे दो स्थानों के नाम बताएं।

• एल्गोरिदम क्या है?

• क्या बिना गणित की पृष्ठभूमि वाला छात्र कोडिंग सीख सकता है?

• आप कौन सा एप/गेम बनाना पसंद करेंगे?

गतिविधि

एक कॉमिक स्ट्रिप बनाएं जिसमें एक रोबोट भ्रमित है क्योंकि आपने उसे स्पष्ट निर्देश नहीं दिए। फिर, चरणों को ठीक से फिर से लिखें। यह दर्शाता है कि कोडिंग को सटीकता की आवश्यकता है।

बोनस टिप

स्क्रैच इंस्टॉल करें या scratch.mit.edu पर जाएं और शुरुआती गेम्स का अन्वेषण करें। रंगों, पात्रों या संदेशों को बदलने का प्रयास करें। आपने कोडिंग की दुनिया में अपना पहला वास्तविक क़दम उठाया है!

अध्याय 2

कंप्यूटर की भाषा

प्रोग्रामिंग बेसिक्स

परिचय: कंप्यूटर हिंदी या अंग्रेज़ी नहीं बोलते!

क्या आपने कभी अपने कंप्यूटर या फोन से किसी व्यक्ति की तरह बात करने की कोशिश की है?

यदि आप कहते हैं, "हे कंप्यूटर, मेरा गणित का गृहकार्य करो," तो कुछ नहीं होता। ऐसा इसलिए है क्योंकि कंप्यूटर मानवीय भाषा नहीं समझते हैं। वे केवल बहुत विशिष्ट, तार्किक निर्देश समझते हैं जो एक ऐसे प्रारूप में लिखे होते हैं जिसे वे संसाधित कर सकते हैं - इसे कोड कहा जाता है। लेकिन यहाँ दिलचस्प बात यह है: ठीक वैसे ही जैसे मनुष्यों की अलग-अलग भाषाएँ होती हैं (हिंदी, तमिल, अंग्रेज़ी, मराठी), कंप्यूटरों की भी कई प्रोग्रामिंग भाषाएँ होती हैं! प्रत्येक के अपने नियम, व्याकरण (जिसे सिंटैक्स कहा जाता है), और विशेष शक्तियाँ होती हैं। यह अध्याय आपको कंप्यूटर की भाषाओं

से परिचित कराएगा, ताकि आप उनसे उनकी अपनी भाषाओं में "बातचीत" करना शुरू कर सकें!

प्रोग्रामिंग भाषा क्या है?

एक प्रोग्रामिंग भाषा कंप्यूटर के लिए निर्देश लिखने के लिए उपयोग किए जाने वाले शब्दों, प्रतीकों और नियमों का एक सेट है। यह हमें मदद करता है:

- कंप्यूटर को क्या करना है यह बताना
- एक प्रोग्राम कैसे व्यवहार करता है उसे नियंत्रित करना
- सॉफ्टवेयर, गेम, वेबसाइट और एप बनाना इसे कंप्यूटर-अनुकूल भाषा में लिखी गई एक नुस्खा पुस्तक की तरह समझें।

हाई-लेवल बनाम लो-लेवल भाषाएँ

कंप्यूटर भाषाओं के दो प्रमुख प्रकार हैं:

प्रकार	विवरण	उदाहरण
लो-लेवल	कंप्यूटर कैसे काम करते हैं, उसके करीब (अधिक तकनीकी, पढ़ने में कठिन)	असेंबली, मशीन कोड
हाई-लेवल	मनुष्यों के लिए पढ़ना और लिखना आसान	पायथन, जावास्क्रिप्ट, जावा, C++

शुरुआती लोगों के लिए, हम हाई-लेवल भाषाओं का उपयोग करते हैं क्योंकि वे सरल होती हैं और अंग्रेज़ी जैसी दिखती हैं।

फ्रंटएंड बनाम बैकएंड: एक एप के दो पक्ष

जब आप कोई एप या वेबसाइट खोलते हैं, तो पर्दे के पीछे दो चीज़ें हो रही होती हैं:

फ्रंटएंड	बैकएंड
जो उपयोगकर्ता देखते हैं	जो इसे काम करता है
बटन, रंग, लेआउट	लॉगिन सिस्टम, डेटा सहेजना, ईमेल भेजना
HTML, CSS, जावास्क्रिप्ट	पायथन, जावा, नोड.जेएस, पीएचपी

एक खाद्य वितरण एप के बारे में सोचें:
- फ्रंटएंड = जो आप देखते हैं (मेनू, रेस्तरां सूची)
- बैकएंड = जो आप नहीं देखते (ऑर्डर ट्रैकिंग, भुगतान, डिलीवरी मैपिंग)

दोनों महत्वपूर्ण हैं और एक टीम की तरह मिलकर काम करते हैं।

आइए कुछ लोकप्रिय प्रोग्रामिंग भाषाओं से मिलें

यहां शीर्ष भाषाएं दी गई हैं जिनके बारे में हर किशोर कोडर को पता होना चाहिए:

1. पायथन
- शुरुआती लोगों के लिए सबसे आसान
- अंग्रेज़ी जैसा दिखता है
- एआई, ऑटोमेशन, डेटा विश्लेषण के लिए बढ़िया

उदाहरण:

```
Python
print("Hello, world!")
```

2. HTML/CSS

- वेब पेज डिज़ाइन करने के लिए उपयोग किया जाता है
- HTML = सामग्री; CSS = डिज़ाइन

उदाहरण:

```
HTML
<h1>नमस्ते!</h1>
<style>h1 {color: red;}</style>
```

3. जावास्क्रिप्ट

- वेबसाइटों में गति और तर्क जोड़ता है
- पृष्ठों को इंटरैक्टिव बनाता है (जैसे, बटन, गेम)

उदाहरण:

```
JavaScript
alert("मेरी वेबसाइट में आपका स्वागत है!");
```

4. जावा

- एंड्रॉइड एप्स और बड़ी प्रणालियों में उपयोग किया जाता है
- अधिक संरचित, कंपनियों द्वारा उपयोग किया जाता है

5. C++

- शक्तिशाली, तेज़, और गेम्स के लिए बढ़िया
- थोड़ा अधिक जटिल, लेकिन बाद में सीखने लायक

कोडिंग के मूल निर्माण खंड

ठीक अंग्रेज़ी में व्याकरण की तरह, हर प्रोग्रामिंग भाषा में मूल तत्व होते हैं। आइए सबसे महत्वपूर्ण लोगों को समझते हैं:

1. वेरिएबल डेटा संग्रहीत करने के लिए एक कंटेनर। जैसे एक स्कूल बैग में किताबें होती हैं, एक वेरिएबल में संख्याएं, शब्द या मान होते हैं।

```
Python
नाम = "अमन"
उम्र = 15
```

2. लूप एक दोहराई जाने वाली कार्रवाई। उन कार्यों के लिए बढ़िया है जो बार-बार होते हैं।

```
Python
for i in range(5):
    print("नमस्ते!")
("नमस्ते!" 5 बार प्रिंट होगा)
```

3. If-Else स्टेटमेंट निर्णय लेने के लिए उपयोग किया जाता है। **जैसे:**

- यदि बारिश हो रही है, तो छाता ले जाओ।
- अन्यथा, धूप का चश्मा पहनें।

```
Python
if उम्र >= 18:
    print("आप वोट दे सकते हैं")
else:
    print("वोट देने के लिए बहुत छोटे हैं")
```

4. फ़ंक्शन कोड का एक ब्लॉक जो एक कार्य करता है। इसे एक मिनी-प्रोग्राम के रूप में सोचें।

```
Python
def बधाई():
    print("नमस्ते वहाँ!")
```

5. सिंटैक्स हर भाषा का व्याकरण होता है। कोड में, इसे सिंटैक्स कहा जाता है। यदि आप एक अल्पविराम या ब्रैकेट चूक जाते हैं, तो इससे त्रुटि होगी।

6. बग कोड में एक ग़लती जिसके कारण समस्याएँ होती हैं। डीबगिंग बग को ठीक करना है!

व्यापार के उपकरण - IDEs

अपना कोड लिखने और चलाने के लिए, आपको एक IDE (एकीकृत विकास पर्यावरण) की आवश्यकता होती है। यह एक नोटबुक + स्पेल-चेक + टेस्ट ज़ोन सब एक में है।

IDE	यह किसके लिए अच्छा है
VS कोड	छात्रों के बीच सबसे लोकप्रिय
रेप्लिट	दोस्तों के साथ ऑनलाइन कोडिंग
थॉनी	पायथन शुरुआती लोगों के लिए बढ़िया
स्क्रैच	मज़ेदार गेम के लिए ड्रैग-एंड-ड्रॉप कोडिंग

कोडिंग बॉक्स: 3 अलग-अलग भाषाओं में "हैलो वर्ल्ड" आइए "हैलो वर्ल्ड" प्रिंट करें

पहली चीज़ जो हर कोडर सीखता है:

भाषा	कोड
पायथन	print("हैलो वर्ल्ड")
जावास्क्रिप्ट	console.log("हैलो वर्ल्ड");
HTML	<p>हैलो वर्ल्ड</p>

सरल, है ना? आप पहले से ही कोड लिख रहे हैं!

आइए तुलना करें: प्राकृतिक भाषा बनाम कोड

प्राकृतिक भाषा	प्रोग्रामिंग कोड
"पंखा चालू करो"	fan.on()
"2 और 3 जोड़ो"	print(2 + 3)
"नमस्ते बोलो"	print("नमस्ते")

जैसे बोलना सीखने में अभ्यास लगता है, वैसे ही कोड सीखना भी कोशिश करने, परीक्षण करने और सुधार करने के बारे में है।

मिनी चुनौती: आउटपुट का अनुमान लगाएं ! यह कोड क्या करेगा?

```
Python
for i in range(3):
    print("कोडिंग कमाल की है!")
```

इसे replit.com या थॉनी में चलाकर देखें। उत्तर:
यह "कोडिंग कमाल की है!" तीन बार प्रिंट करता है!

विभिन्न भाषाएं क्यों मौजूद हैं?

जैसे हमारे पास अलग-अलग कामों के लिए अलग-अलग उपकरण होते हैं (लिखने के लिए पेन, ठीक करने के लिए हथौड़ा), वैसे ही अलग-अलग प्रोग्रामिंग भाषाएं अलग-अलग ज़रूरतों के लिए बनाई जाती हैं:

भाषा	सबसे अच्छी किसके लिए
पायथन	एआई, डेटा विज्ञान, ऑटोमेशन
जावास्क्रिप्ट	इंटरैक्टिव वेबसाइटें
HTML/CSS	वेब पेज संरचना और डिज़ाइन
जावा	एंड्रॉइड एप्स, एंटरप्राइज़ सॉफ्टवेयर
C++	गेम इंजन, सिस्टम सॉफ्टवेयर

समय के साथ, आप पाएंगे कि कौन सा आपकी रुचि के लिए सबसे उपयुक्त है।

पुनरावृत्ति तालिका

अवधारणा	अर्थ
वेरिएबल	डेटा संग्रहीत करता है
लूप	क्रियाओं को दोहराता है
If-Else	निर्णय लेता है
फ़ंक्शन	कोड का पुन: प्रयोज्य ब्लॉक
सिंटैक्स	कोड व्याकरण
बग	कोड में त्रुटि

करियर कॉर्नर: इन अवधारणाओं का उपयोग कौन करता है ?

• गेम डिज़ाइनर पात्रों को नियंत्रित करने के लिए लूप और फ़ंक्शंस का उपयोग करते हैं

• वेब डेवलपर वेबसाइट बनाने के लिए HTML/CSS/JS का उपयोग करते हैं

• एआई इंजीनियर मशीनों को सोचने के लिए प्रशिक्षित करने के लिए पायथन का उपयोग करते हैं
• साइबर सुरक्षा विशेषज्ञ सिस्टम कमज़ोरियों को खोजने और ठीक करने के लिए सभी भाषाओं का उपयोग करते हैं
सब कुछ इन मूल बातों से शुरू होता है।

विचार प्रयोग

यदि आप अपने कंप्यूटर को एक बात सिखा सकते हैं, तो वह क्या होगी ? उदाहरण:

• दोस्तों को स्वचालित रूप से "जन्मदिन मुबारक" की शुभकामनाएं देना
• अपनी होमवर्क फ़ाइलों को व्यवस्थित करना
• आपको बताना कि रील्स स्क्रॉल करने से कब ब्रेक लेना है

यह कैसे काम करेगा इसके चरण लिखें। बधाई हो - आपने अभी अपना पहला प्रोग्राम विचार तैयार किया है।

अध्याय सारांश

आइए समीक्षा करें कि आपने क्या सीखा है:

• प्रोग्रामिंग भाषाएं आपको कंप्यूटर से "बातचीत" करने में मदद करती हैं।
• हाई-लेवल भाषाएं (जैसे पायथन) आसान और शुरुआती-अनुकूल होती हैं।
• फ्रंटएंड = जो आप देखते हैं; बैकएंड = जो इसे काम करता है।
• मूल तत्व सीखें: वेरिएबल्स, लूप्स, इफ-एल्स, फ़ंक्शंस।
• सरल कोड लिखने और आउटपुट को समझने का अभ्यास करें।

प्रश्नोत्तरी का समय

- दो ऑनलाइन प्लेटफॉर्म के नाम बताएं जहाँ आप मुफ़्त में कोडिंग शुरू कर सकते हैं।
- रेप्लिट का उपयोग किस लिए किया जाता है?
- print() और input() में क्या अंतर है?
- दो संख्याओं को जोड़ने के लिए एक साधारण पायथन लाइन लिखें।
- कोडिंग में "लूप" का उद्देश्य क्या है?

इसे स्वयं आज़माएं -

गतिविधि replit.com खोलें, एक मुफ़्त खाता बनाएं, और:

- पायथन चुनें।
- **टाइप करें:**

```
Python
नाम = input("आपका नाम क्या है? ")
print("आपका स्वागत है, " + नाम + "! कोडिंग की दुनिया में आपका स्वागत है।")
```

- कोड चलाएं और अपना नाम टाइप करें।

आपने अभी अपना पहला इंटरैक्टिव प्रोग्राम बनाया है!

अध्याय 3

आइए कोड करें !

कहाँ और कैसे शुरू करें

परिचय: आप शुरू करने के लिए तैयार हैं !

आपने अब सीख लिया है कि कोडिंग क्या है और कंप्यूटर कौन सी भाषाएँ बोलते हैं। लेकिन आप अभी भी सोच रहे होंगे: "ठीक है, मुझे सिद्धांत समझ में आ गया - लेकिन मैं वास्तव में कोडिंग कैसे शुरू करूं?" यह अध्याय आपको अपनी कोडिंग जगह स्थापित करने, कोड की अपनी पहली पंक्तियों को लिखने और शुरुआती-अनुकूल उपकरणों का उपयोग करने के लिए चरण-दर-चरण मार्गदर्शन करेगा। आप सीखेंगे कि कोडिंग के लिए एक फैंसी लैपटॉप या विशेषज्ञ प्रशिक्षण की आवश्यकता नहीं है - आप अभी, यहीं से शुरू कर सकते हैं! आइए उस जिज्ञासा को आपके पहले काम करने वाले कोड में बदल दें!

कोडिंग शुरू करने के लिए आपको क्या चाहिए

कोडिंग शुरू करने के लिए, आपको महंगे उपकरण या पाठ्यक्रमों की आवश्यकता नहीं है। यहाँ वह सब कुछ है जिसकी आपको वास्तव में आवश्यकता है:

- **एक डिवाइस:** एक लैपटॉप या डेस्कटॉप आदर्श है। लेकिन एक स्मार्टफोन या टैबलेट भी काम कर सकता है।
- **इंटरनेट कनेक्शन:** ऑनलाइन प्लेटफॉर्म और ट्यूटोरियल का उपयोग करने के लिए।
- **जिज्ञासा और धैर्य:** आप एक नई भाषा सीख रहे हैं - ग़लतियाँ सामान्य हैं!
- **उपकरण (IDEs):** अपना कोड लिखने और परीक्षण करने के लिए सॉफ्टवेयर - नीचे समझाया गया है।

ऑनलाइन बनाम ऑफ़लाइन कोडिंग - क्या अंतर है?

मोड	फायदे	सर्वश्रेष्ठ उपकरण
ऑनलाइन	कोई इंस्टॉलेशन नहीं, किसी भी डिवाइस पर काम करता है	रेप्लिट, Code.org, SoloLearn
ऑफ़लाइन	इंटरनेट के बिना काम करता है, बड़े प्रोजेक्ट्स के लिए बेहतर	VS कोड, थॉनी, स्क्रैच डेस्कटॉप

ऑनलाइन प्लेटफॉर्म से शुरू करें। वे आसान, मैत्रीपूर्ण और तत्काल हैं।

अपना कोडिंग वातावरण स्थापित करना (चरण-दर-चरण)

आइए आपकी रुचि और कौशल स्तर के आधार पर कोडिंग शुरू करने के 3 आसान तरीकों को देखें।

विधि 1: एक ऑनलाइन पायथन IDE का उपयोग करें - रेप्लिट

- replit.com पर जाएँ
- Google का उपयोग करके एक मुफ़्त खाता बनाएं
- "+ Create Repl" पर क्लिक करें
- भाषा के रूप में "Python" चुनें
- यह टाइप करें:

```
Python
print("नमस्ते, कोडर!")
```

- "Run" पर क्लिक करें

बूम! आपका पहला प्रोग्राम अभी काम कर गया।

विधि 2: स्क्रैच - पूर्ण शुरुआती लोगों के लिए विजुअल कोडिंग इसके लिए एक़दम सही:

- छोटे छात्र
- विजुअल लर्नर
- गेम प्रेमी

चरण:

- scratch.mit.edu पर जाएँ
- "Create" पर क्लिक करें (लॉगिन की आवश्यकता नहीं)
- एक "when green flag clicked" ब्लॉक खींचें
- एक "say Hello!" ब्लॉक जोड़ें

अब हरे झंडे पर क्लिक करें। आपकी बिल्ली नमस्ते कहती है! यह ब्लॉक-आधारित कोडिंग है - वास्तविक कोड लिखने से पहले एक बढ़िया परिचय।

विधि 3: थॉनी डाउनलोड करें और उपयोग करें (ऑफ़लाइन पायथन IDE)

- thonny.org पर जाएँ

- विंडोज/मैक/लिनक्स के लिए डाउनलोड करें
- इसे इंस्टॉल करें और खोलें

- **टाइप करें:**

```
Python
print("ऑफ़लाइन कोड करने के लिए तैयार!")
```

- रन पर क्लिक करें (F5)

इसके लिए बढ़िया:

- बड़े छात्र
- प्रतिदिन पायथन का अभ्यास करना
- इंटरनेट के बिना काम करना

पहला वास्तविक प्रोग्राम - पायथन में चरण-दर-चरण

आइए एक सरल "नाम अभिवादन" प्रोग्राम लिखें:

```
Python
नाम = input("आपका नाम क्या है? ")
print("नमस्ते, " + नाम + "! कोडिंग में आपका स्वागत है।")
```

यह क्या करता है:

- उपयोगकर्ता से उसका नाम पूछता है
- उन्हें व्यक्तिगत रूप से बधाई देता है

सीखी गई अवधारणाएँ: input(), variables, और print()

आइए कोड को समझें

पंक्ति	यह क्या करता है
input()	उपयोगकर्ता से इनपुट लेता है
name = ...	उस इनपुट को एक वेरिएबल में संग्रहीत करता है
print()	उपयोगकर्ता को संदेश प्रदर्शित करता है

कोडिंग ऐसे ही काम करती है—आप छोटे, शक्तिशाली ब्लॉक्स के साथ तर्क बनाते हैं।

ज़रूर आज़माएं शुरुआती प्लेटफॉर्म

प्लेटफॉर्म	सबसे अच्छा किसके लिए	मुख्य विशेषताएं
रेप्लिट	पायथन, जेएस, HTML	मुफ़्त ऑनलाइन संपादक, सहयोगी
Code.org	पूर्ण शुरुआती	विजुअल पहेलियाँ, खेल
खान एकेडमी	जावास्क्रिप्ट, HTML	चरण-दर-चरण पाठ
W3Schools	वेब विकास	सीखें + उसी पृष्ठ पर कोड आज़माएं
SoloLearn	मोबाइल सीखने वाले	क्विज़ के साथ एप-आधारित पाठ्यक्रम
MIT एप इन्वेंटर	एप निर्माण	ड्रैग-एंड-ड्रॉप एंड्रॉइड एप बिल्डर

प्रत्येक को आज़माएं और देखें कि आपकी शैली के अनुरूप क्या है।

आपकी पहली कोडिंग चुनौतियाँ आज आज़माने के लिए यहाँ 3 मिनी चुनौतियाँ हैं:

1. सरल कैलकुलेटर

```
Python
a = int(input("पहला नंबर दर्ज़ करें: "))
b = int(input("दूसरा नंबर दर्ज़ करें: "))
print("योग है", a + b)
```

अवधारणाएँ: input, int, print, गणितीय संक्रिया

2. लूप प्रिंटर

```
Python
for i in range(5):
    print("मैं कोडिंग का अभ्यास करूंगा!")
```

अवधारणा: for loop, पुनरावृत्ति

3. मतदान पात्रता

```
Python
उम्र = int(input("अपनी उम्र दर्ज़ करें: "))
if उम्र >= 18:
    print("आप वोट दे सकते हैं!")
else:
  print("क्षमा करें, आप बहुत छोटे हैं।")
```

अवधारणा: if-else, शर्तें

अपनी कोडिंग लाइफ को व्यवस्थित करें

अपने कंप्यूटर या Google Drive पर एक कोडिंग फ़ोल्डर बनाएं। **उसके अंदर, बनाएं:**

- PythonBasics/
- ScratchProjects/
- WebDesign/
- MyExperiments/

यह आपको प्रगति को ट्रैक करने और चीज़ों को साफ रखने में मदद करता है।

करके सीखें: पायथन में एक "टू-डू लिस्ट" बनाएं

```
Python
todo = []

for i in range(3):
   कार्य = input("एक कार्य दर्ज करें: ")
   todo.append(कार्य)

print("आपकी टू-डू लिस्ट:")
for कार्य in todo:
   print("- " + कार्य)
```

अवधारणाएँ: सूचियाँ (lists), जोड़ना (append), लूप्स (loops), इनपुट (inputs)

क्या होगा अगर कुछ गलत हो जाए?

यदि आपका कोड कोई त्रुटि देता है, तो घबराएं नहीं। हर कोई - यहां तक कि विशेषज्ञ प्रोग्रामर भी - त्रुटियों का सामना करते हैं। **यहां बताया गया है कि कैसे डीबग करें:**

• त्रुटि संदेश पढ़ें
• वर्तनी और ब्रैकेट की जांच करें
• त्रुटि को गूगल करें
• चैटजीपीटी से पूछें या स्टैक ओवरफ्लो का उपयोग करें
• धैर्यपूर्वक फिर से प्रयास करें

ग़लतियाँ इस बात का प्रमाण हैं कि आप सीख रहे हैं।

वास्तविक जीवन की उपमा: कोडिंग लेगो से बनाने जैसा है

प्रत्येक टुकड़ा **(कोड की पंक्ति)** एक बड़े लक्ष्य **(एप या गेम)** की ओर बढ़ता है।

कभी-कभी टुकड़े फिट नहीं होते—आप समायोजित करते हैं और फिर से प्रयास करते हैं। अंततः, आप कुछ अद्भुत बनाते हैं।

शुरुआती लोगों के लिए प्रो टिप्स

• छोटे लक्ष्यों से शुरू करें (जैसे एक क्विज़ या कैलकुलेटर बनाना)
• रोज़ाना 10-15 मिनट अभ्यास करें
• कोड-अलॉन्ग के साथ यूट्यूब ट्यूटोरियल देखें
• एक कोडिंग क्लब या ऑनलाइन समुदाय में शामिल हों
• अपनी प्रगति की तुलना न करें—हर कोई अलग तरह से सीखता है

गतिविधि: "एक कहानी जेनरेटर बनाएं"

```
Python
नाम = input("अपना नाम दर्ज़ करें: ")
स्थान = input("एक स्थान दर्ज़ करें: ")
भोजन = input("एक भोजन दर्ज़ करें: ")

print(नाम + " " + स्थान + " गया और " + भोजन + " खाया। क्या दिन
था!")
```

यह ऐसे है जैसे गेम, कहानी एप और चैटबॉट शुरू होते हैं—इनपुट लेकर और रचनात्मक रूप से प्रतिक्रिया देकर!

खोजने के लिए वास्तविक दुनिया के उपकरण

उपकरण	यह क्या करता है
गिटहब	अपने प्रोजेक्ट्स को संग्रहीत और साझा करें
कोडपेन	वेब डिज़ाइन आज़माएं और प्रदर्शित करें
नोशन	जो आप सीखते हैं उस पर नोट्स लें
ट्रेल्लो	प्रोजेक्ट चरणों को विजुअली व्यवस्थित करें
गूगल कोलाब	अपने ब्राउज़र में पायथन चलाएं (बाद में एआई के लिए बढ़िया!)

छोटे से शुरू करें—कम से कम एक से परिचित हों।

आप जैसे किशोर कोडर से मिलें

• तन्वी, 16, ने अपने स्कूल की इतिहास कक्षा के लिए एक क्विज़ बनाने के

लिए रेप्लिट का उपयोग किया

• आरव, 15, ने सोलोर्न पर पायथन सीखा और अब बुनियादी वेबसाइटों को फ्रीलांस करता है

• अनन्या, 17, अपने स्थानीय समुदाय के लिए एमआईटी एप इन्वेंटर का उपयोग करके मज़ेदार मोबाइल एप बनाती है

वे बिल्कुल आप जैसे हैं—और उन्होंने भी छोटे प्रोजेक्ट्स से शुरुआत की थी।

त्वरित पुनरावृत्ति आइए इस शक्ति-पैक अध्याय को संक्षेप में बताएं:

• आप रेप्लिट या स्क्रैच जैसे उपकरणों का उपयोग करके अभी कोडिंग शुरू कर सकते हैं।

• वास्तविक दुनिया की कोडिंग के लिए पायथन या विजुअल सीखने के लिए स्क्रैच आज़माएं।

• कैलकुलेटर, कहानियों और टू-डू एप्स जैसे छोटे प्रोजेक्ट्स बनाएं।

• त्रुटियां ठीक हैं—डीबगिंग कोडिंग का हिस्सा है।

• मुफ़्त में सीखने के लिए Code.org, खान एकेडमी और W3Schools जैसे प्लेटफार्मों का उपयोग करें।

• प्रतिदिन अभ्यास करें और प्रक्रिया का आनंद लें!

त्वरित प्रश्नोत्तरी

• दो ऑनलाइन प्लेटफॉर्म के नाम बताएं जहाँ आप मुफ़्त में कोडिंग शुरू कर सकते हैं।

• रेप्लिट का उपयोग किस लिए किया जाता है?

• print() और input() में क्या अंतर है?

• दो संख्याओं को जोड़ने के लिए एक साधारण पायथन लाइन लिखें।
• लूप का उद्देश्य क्या है?

अंतिम गतिविधि -

आपकी पहली परियोजना का विचार पायथन या स्क्रैच का उपयोग करके अपनी ख़ुद की एक छोटी परियोजना का विचार बनाएं।

उदाहरण:

• जन्मदिन अनुस्मारक कार्यक्रम
• स्कूल टाइमटेबल प्लानर
• आपके पसंदीदा विषय के बारे में प्रश्नोत्तरी
• चुटकुला जेनरेटर

लिखो:

• कार्यक्रम क्या करेगा
• उसे क्या इनपुट चाहिए
• वह क्या आउटपुट देगा

फिर—इसे इस सप्ताह बनाएं!

अध्याय 4

समस्या-समाधान और तार्किक सोच

परिचय

केवल कोड से बढ़कर आपने अब कोड की अपनी कुछ पहली पंक्तियाँ लिखना सीख लिया है। लेकिन एक कोडिंग मास्टर बनने से पहले, आपको एक अच्छे प्रोग्रामर की सबसे महत्वपूर्ण महाशक्ति को अनलॉक करना होगा: समस्या-समाधान। कोडिंग केवल कोड की लाइनें लिखने के बारे में नहीं है - यह तर्क, रचनात्मकता और स्पष्टता का उपयोग करके वास्तविक दुनिया की समस्याओं को हल करने के बारे में है। चाहे एक एप बनाना हो, किसी त्रुटि को डीबग करना हो, या एक गेम डिज़ाइन करना हो - हर कोडिंग यात्रा एक समस्या को सरल चरणों में तोड़ने से शुरू होती है। यह अध्याय आपको एक कंप्यूटर वैज्ञानिक की तरह सोचना सिखाएगा - चरण-दर-चरण, निर्णय-दर-निर्णय।

समस्या-समाधान क्या है?

कोडिंग में, समस्या-समाधान का अर्थ है तर्क और कोड का उपयोग करके एक समाधान बनाना। **इसमें शामिल है:**

- क्या करने की आवश्यकता है उसे समझना
- इसे छोटे-छोटे चरणों में तोड़ना
- प्रत्येक चरण को हल करने का सबसे अच्छा तरीका खोजना
- उन चरणों को कोड में बदलना यह एक जासूस होने जैसा है - सुरागों का विश्लेषण करना, प्रश्न पूछना, समाधानों को आज़माना और त्रुटियों को ठीक करना जब तक सब कुछ काम न करे।

वास्तविक जीवन की उपमा: मैगी नूडल्स बनाना मान लीजिए

आप एक कटोरी मैगी बनाना चाहते हैं। आपका मस्तिष्क यह करता है **(एक्शन में समस्या-समाधान):**

- पानी उबालें
- नूडल्स डालें
- मसाला डालें
- 2 मिनट पकाएं
- गरम परोसें

यह एक चरण-दर-चरण एल्गोरिदम है ! और ठीक यही कोडर करते हैं - कंप्यूटर द्वारा पालन किए जाने वाले चरणों को लिखते हैं।

चरण 1: समस्या को समझना मान लीजिए कार्य है:

"3 संख्याओं में से सबसे बड़ी संख्या ज्ञात करें।" कोड में कूदने से पहले, **ख़ुद से पूछें:**

• इनपुट क्या है? (तीन संख्याएँ)
• आउटपुट क्या है? (सबसे बड़ी संख्या)
• मुझे पहले से क्या पता है? (>, < जैसी तुलनाएँ)
• लक्ष्य क्या है? (सबसे बड़ी संख्या प्रिंट करें)
यह पहला चरण है: समस्या को स्पष्ट रूप से समझना।

चरण 2: इसे तोड़ो हम इसे अपघटन (decomposition) कहते हैं -

एक बड़ी समस्या को छोटे-छोटे चरणों में तोड़ना। हमारे उदाहरण के लिए:
• उपयोगकर्ता से 3 संख्याएँ पूछें
• संख्याओं की तुलना करें
• ज्ञात करें कि कौन सा सबसे बड़ा है
• परिणाम प्रिंट करें
अचानक, समस्या डरावनी नहीं लगती, है ना ? **यही इसे तोड़ने की शक्ति है।**

चरण 3: तार्किक रूप से सोचें

संख्याओं की तुलना करने के लिए, आपको तर्क की आवश्यकता होती है। कोडिंग में, **हम उपयोग करते हैं:**

• If-else स्टेटमेंट्स: निर्णय लेने के लिए
• बूलियन वैल्यू: true या false
• ऑपरेटर: जैसे >, <, == (बराबर), != (बराबर नहीं)

तो, यदि आप जांच करना चाहते हैं:

Python

```
if a > b:
    print("A बड़ा है")
```

तार्किक सोच हाँ/नहीं प्रश्न पूछकर उत्तर तक पहुँचने जैसा है।

चरण 4: चरणों को कोड में बदलें अब आइए वास्तविक पायथन कोड लिखें:

```
Python
a = int(input("पहली संख्या दर्ज़ करें: "))
b = int(input("दूसरी संख्या दर्ज़ करें: "))
c = int(input("तीसरी संख्या दर्ज़ करें: "))

if a >= b and a >= c:
    print(a, "सबसे बड़ी है")
elif b >= a and b >= c:
    print(b, "सबसे बड़ी है")
else:
    print(c, "सबसे बड़ी है")
```

आपने अभी अपनी पहली तर्क-आधारित कोडिंग समस्या हल की है!

मिनी चुनौती: एक शब्द को उलटना समस्या:

उपयोगकर्ता से एक शब्द लें और उसे पीछे से प्रिंट करें। इसे तोड़ो:

- एक शब्द इनपुट करें
- इसे उलट दें
- उल्टे शब्द को प्रिंट करें

पायथन कोड:

```
Python
शब्द = input("एक शब्द दर्ज करें: ")
उल्टा_शब्द = शब्द[::-1]
print("उल्टा:", उल्टा_शब्द)
```

आसान है, है ना?

एल्गोरिदम क्या हैं?

एक एल्गोरिदम एक समस्या को हल करने के लिए स्पष्ट, क्रमबद्ध निर्देशों की एक सूची है।

यह दिशा-निर्देश देने जैसा है:
- 100 मीटर सीधा जाओ
- मंदिर पर बाईं ओर मुड़ो
- नीले गेट पर रुक जाओ

कोडिंग में:
- प्रत्येक पंक्ति एक चरण है
- लक्ष्य स्पष्ट है
- तर्क चरण-दर-चरण प्रवाहित होता है

उदाहरण एल्गोरिदम: सम या विषम संख्या ज्ञात करें
- इनपुट के रूप में एक संख्या लें
- इसे 2 से विभाजित करें
- यदि शेषफल 0 है → सम
- अन्यथा → विषम

फ्लोचार्ट्स - अपनी सोच को चित्रित करना

एक फ्लोचार्ट एक आरेख है जो एक समस्या के चरणों को आकार और तीरों के रूप में दिखाता है।

आकार	अर्थ
आयत	चरण (उदा., प्रिंट, इनपुट)
हीरा	निर्णय (उदा., हाँ/नहीं)
अंडाकार	प्रारंभ/समाप्ति

यहाँ एक सरल फ्लो है:

[प्रारंभ] → [संख्या इनपुट करें] → [जांच करें कि संख्या % 2 == 0 है?]
↘ हाँ → [सम प्रिंट करें]
↘ नहीं → [विषम प्रिंट करें]
→ [समाप्ति]

आप कागज़ पर या draw.io या Lucidchart जैसे ऑनलाइन टूल पर फ्लोचार्ट बना सकते हैं।

गतिविधि:

चाय बनाने का एल्गोरिदम चाय बनाने के चरणों को लिखें। **आपकी सूची ऐसी दिख सकती है:**

- पानी उबालें
- चाय पत्ती डालें
- चीनी और दूध डालें
- इसे उबलने दें
- कप में छानें
- गरम परोसें

यह आपका चाय बनाने का एल्गोरिदम है। अब सोचें: यदि आपको यह एक रोबोट को सिखाना होता तो क्या होता? **आपको आवश्यकता होगी:**

• सटीक चरण

• सही क्रम

• स्पष्ट निर्देश

ठीक कोडिंग की तरह!

डीबगिंग: गलतियों को ठीक करना

उत्तम योजना के साथ भी, त्रुटियाँ (बग) होती हैं। यह ठीक है! यहाँ बताया गया है **कि उन्हें कैसे ठीक करें:**

• त्रुटि संदेश पढ़ें – पायथन काफी मददगार है!

• अपना कोड जांचें – वर्तनी की ग़लतियाँ, इंडेंटेशन, या छूटे हुए ब्रैकेट?

• print() का उपयोग करें – यह जांचने के लिए मान प्रिंट करें कि क्या गलत हो रहा है

• छोटे भागों का परीक्षण करें – बड़े कोड को छोटे परीक्षण योग्य खंडों में तोड़ें

• मदद मांगें – गूगल, स्टैक ओवरफ्लो, या चैटजीपीटी!

डीबगिंग एक ऐसा कौशल है जो अभ्यास के साथ बेहतर होता है—त्रुटियों से डरें नहीं; उनसे सीखें।

इसे स्वयं आज़माएं:

एक साधारण कैलकुलेटर बनाएं कार्य: दो संख्याओं को जोड़ना, घटाना, गुणा करना या भाग देना। **चरण:**

• उपयोगकर्ता से दो संख्याएँ दर्ज़ करने के लिए पूछें

• ऑपरेशन के लिए पूछें (+, -, *, /)

• ऑपरेशन करें

• परिणाम दिखाएं

पायथन कोड:

```
Python
a = float(input("पहली संख्या दर्ज़ करें: "))
b = float(input("दूसरी संख्या दर्ज़ करें: "))
op = input("ऑपरेशन चुनें (+, -, *, /): ")

if op == "+":
    print("परिणाम:", a + b)
elif op == "-":
    print("परिणाम:", a - b)
elif op == "*":
    print("परिणाम:", a * b)
elif op == "/":
    print("परिणाम:", a / b)
else:
    print("अमान्य ऑपरेशन")
```

बूम—आपने एक मिनी कैलकुलेटर बनाया है!

पैटर्न पहचान - तर्क को पहचानें!

समस्या-समाधान का अर्थ पैटर्न खोजना भी है। उदाहरण: 1 से 10 तक वर्ग संख्याएँ ज्ञात करें पायथन:

```
Python
for i in range(1, 11):
    print(i, "का वर्ग है", i*i)
```

यहाँ, आपने एक पैटर्न देखा: वर्ग = संख्या × संख्या।

कोडर ऐसे ही सोचते हैं—पहचानो → लागू करो → स्वचालित करो।

कोड के साथ वास्तविक दुनिया की समस्या-समाधान

समस्या	कोड समाधान
अनुस्मारक की आवश्यकता	एक कार्य एप बनाएं
फाइलें खो गईं	एक आयोजक स्क्रिप्ट लिखें
जन्मदिन भूल जाते हैं	एक जन्मदिन चेतावनी बॉट बनाएं
लंबी खरीदारी सूची	एक किराना एप बनाएं

आप केवल कोड नहीं सीख रहे हैं—आप समस्याओं को स्मार्ट तरीके से हल करना सीख रहे हैं।

बोनस प्रोजेक्ट: संख्या अनुमान लगाने का खेल

```
Python
import random
num = random.randint(1, 10)
guess = int(input("संख्या का अनुमान लगाएं (1 से 10): "))

if guess == num:
    print("सही!")
else:
    print("गलत! संख्या थी", num)
```

उपयोग की गई अवधारणाएँ:
- यादृच्छिक संख्या
- इनपुट/आउटपुट
- शर्त जांच

चुनौती: दोबारा प्रयास करने के लिए मौके या लूप जोड़ें!

त्वरित पुनरावृत्ति

अवधारणा	अर्थ
एल्गोरिदम	चरण-दर-चरण निर्देश
फ्लोचार्ट	तर्क का विजुअल नक्शा
डीबगिंग	कोड त्रुटियों को खोजना और ठीक करना
अपघटन	समस्याओं को छोटे भागों में तोड़ना
पैटर्न पहचान	दोहराने योग्य तर्क को पहचानना
तार्किक सोच	if, else, loops का उपयोग करके स्मार्ट निर्णय लेना

प्रश्नोत्तरी का समय

• एल्गोरिदम क्या है?
• फ्लोचार्ट कैसे उपयोगी है?
• कोड में if-else आपको क्या करने में मदद करता है?
• डीबगिंग क्या है?
• क्या आप एक वास्तविक दुनिया की समस्या का नाम बता सकते हैं जिसे कोडिंग हल कर सकती है?

गतिविधि

आपका अपना एल्गोरिदम कार्य: अपने स्कूल बैग को पैक करने के लिए एक एल्गोरिदम लिखें। **उदाहरण:**

• टाइमटेबल जांचें
• प्रत्येक विषय के लिए किताबें जोड़ें

• पेंसिल बॉक्स और नोटबुक पैक करें
• टिफिन और पानी की बोतल जोड़ें
फिर इसे एक फ्लोचार्ट के रूप में लिखें!

अंतिम विचार

कोडिंग की दुनिया में, उपकरण बदलते हैं, भाषाएं विकसित होती हैं - लेकिन तार्किक सोच हमेशा आपकी महाशक्ति होगी। चाहे आप एक कैलकुलेटर बना रहे हों, एक पहेली हल कर रहे हों, या एक उबाऊ कार्य को स्वचालित कर रहे हों, तर्क आपका सबसे अच्छा दोस्त है। हर महान कोडर - स्टीव जॉब्स से लेकर अगले दरवाज़े के छात्र कोडर तक - साधारण समस्या-समाधान से शुरू हुआ। तो रोज़ाना अभ्यास करें, चीज़ों को तोड़ें, अपना तर्क बनाएं, और क़दम दर क़दम बढ़ें।

अध्याय 5

ब्लॉक्स के साथ निर्माण

विजुअल प्रोग्रामिंग

परिचय

बिना टाइप किए कोड ? हाँ, कृपया! कल्पना कीजिए कि आप अपना ख़ुद का गेम या एनिमेशन बना रहे हैं - भ्रमित करने वाले कोड की लाइनें टाइप करके नहीं, बल्कि स्क्रीन पर रंगीन ब्लॉक्स को बस खींचकर और छोड़कर। मज़ेदार लगता है, है ना? विजुअल प्रोग्रामिंग की दुनिया में आपका स्वागत है, जहाँ आप टेक्स्ट लिखने के बजाय ब्लॉक्स को ढेर करके कोड करते हैं। यह लेगो से बनाने जैसा है - लेकिन महलों के बजाय, आप प्रोग्राम बना रहे हैं! यह अध्याय आपको यह जानने में मदद करेगा कि स्क्रैच और एमआईटी एप इन्वेंटर जैसे विजुअल प्रोग्रामिंग टूल कोडिंग शुरू करना कितना आसान और रोमांचक बनाते हैं - भले ही आपने पहले कभी एक भी लाइन नहीं लिखी हो।

विजुअल प्रोग्रामिंग क्या है?

विजुअल प्रोग्रामिंग ग्राफिकल ब्लॉक्स का उपयोग करके प्रोग्राम करने का एक तरीका है, टेक्स्ट के बजाय। प्रत्येक ब्लॉक एक कमांड, लूप, या तर्क का प्रतिनिधित्व करता है - और आप उन्हें पहेली के टुकड़ों की तरह एक साथ फिट करते हैं। वर्तनी या सिंटैक्स त्रुटियों के बारे में चिंता करने के बजाय, **आप इस पर ध्यान केंद्रित करते हैं:**

- तर्क को समझना
- आउटपुट को तुरंत देखना
- रचनात्मकता और मस्ती के साथ चीज़ें बनाना

यह शुरुआती लोगों, बच्चों, कलाकारों और यहां तक कि वयस्कों के लिए भी एक़दम सही है जो एक जटिल भाषा सीखे बिना अपना पहला एप या गेम बनाना चाहते हैं।

विजुअल प्रोग्रामिंग शुरुआती लोगों के लिए क्यों बढ़िया है

लाभ	यह क्यों मायने रखता है
कोई सिंटैक्स त्रुटि नहीं	आपको अल्पविराम या ब्रैकेट याद रखने की आवश्यकता नहीं है
ड्रैग-एंड-ड्रॉप इंटरफ़ेस	सीखना और उपयोग करना बहुत आसान है
तत्काल परिणाम	अपने एनिमेशन या गेम वास्तविक समय में देखें
मज़ेदार और इंटरैक्टिव	रचनात्मक परियोजनाओं के लिए बढ़िया है
तार्किक सोच का निर्माण करता है	वास्तविक कोडिंग की नींव सिखाता है

विजुअल प्रोग्रामिंग बाद में पायथन या जावास्क्रिप्ट जैसी वास्तविक दुनिया की प्रोग्रामिंग भाषाओं को सीखने के लिए एक क़दम-पत्थर है।

स्क्रैच से मिलें: ब्लॉक कोडिंग का सुपरस्टार स्क्रैच

एमआईटी द्वारा बनाया गया एक मुफ़्त, ऑनलाइन विजुअल प्रोग्रामिंग प्लेटफॉर्म है। इसका उपयोग दुनिया भर के लाखों छात्र करते हैं। वेबसाइट: https://scratch.mit.edu **स्क्रैच आपको यह करने देता है:**

• पात्रों (जिन्हें स्प्राइट कहा जाता है) को एनिमेट करें
• अपनी ख़ुद की कहानियाँ और कार्टून बनाएं
• मज़ेदार गेम और क्विज़ बनाएं
• अपनी कृतियों को एक समुदाय के साथ साझा करें
आपको कुछ भी स्थापित करने की आवश्यकता नहीं है—बस वेबसाइट खोलें और बनाना शुरू करें!

स्क्रैच के साथ शुरुआत करना - चरण दर चरण

चरण 1: scratch.mit.edu पर जाएँ स्क्रैच एडिटर खोलने के लिए "Create" पर क्लिक करें।

चरण 2: स्टेज और स्प्राइट से मिलें
• स्टेज = जहाँ आपकी कहानी/गेम दिखाई देता है
• स्प्राइट = वह पात्र (जैसे बिल्ली) जिसे आप नियंत्रित करते हैं
चरण 3: ब्लॉक श्रेणियों का अन्वेषण करें ब्लॉक्स को श्रेणियों में समूहीकृत किया गया है:
• मोशन (चलना, घूमना)
• लुक्स (कहना, रंग बदलना)
• साउंड (ध्वनि बजाना, म्याऊँ!)

• इवेंट्स (क्लिक करने पर शुरू करें)
• कंट्रोल (दोहराना, प्रतीक्षा करना, यदि-तब)
• सेंसिंग (स्पर्श करना, माउस की स्थिति)

चरण 4: अपना पहला कोड ड्रैग एंड ड्रॉप करें यह कोशिश करें:
• "when green flag clicked" खींचें
• "say Hello!" जोड़ें
• स्टेज के ऊपर हरे झंडे पर क्लिक करें
आपका स्प्राइट बोलता है! अब एक मोशन ब्लॉक जोड़ें:
• "move 10 steps" — आपका स्प्राइट स्टेज पर चलता है!

उदाहरण

एक स्प्राइट को नचाना
• हरे झंडे पर क्लिक करने पर
• **10 बार दोहराएं:**
  o 15 डिग्री घुमाएं
  o 10 क़दम चलें
• एक "म्याऊँ" ध्वनि जोड़ें
आपने अभी अपनी पहली एनिमेटेड सीक्वेंस बनाई है!

ब्लॉक्स के पीछे - वास्तव में क्या हो रहा है?

आपके द्वारा स्क्रैच में उपयोग किया जाने वाला प्रत्येक ब्लॉक गुप्त रूप से वही कर रहा है **जो वास्तविक कोड करता है:**

• लूप जैसे दोहराना → पायथन में for/while लूप
• शर्तें जैसे if → if-else स्टेटमेंट
• वेरिएबल्स → किसी भी भाषा में मानों को संग्रहीत करने जैसा

तो जब आप ब्लॉक्स के साथ खेल रहे होते हैं, तो आप वास्तविक कोडिंग के लिए अपने मस्तिष्क को प्रशिक्षित कर रहे होते हैं।

यह मिनी चुनौती आज़माएं: स्प्राइट क्विज़

एक क्विज़ बनाएं जो एक प्रश्न पूछता है और उत्तर की जांच करता है। **चरण:**
• "ask [2+2 क्या है?] और प्रतीक्षा करें" का उपयोग करें
• "यदि
यह if-else तर्क है, विजुअली!

MIT एप इन्वेंटर - ब्लॉक्स के साथ एंड्रॉइड एप्स बनाएं

अपने फोन के लिए अपना ख़ुद का एप बनाना चाहते हैं? एमआईटी एप इन्वेंटर आज़माएं! वेबसाइट: https://appinventor.mit.edu यह एक और ब्लॉक-आधारित प्लेटफॉर्म है—लेकिन यह आपको एंड्रॉइड एप बनाने देता है जिन्हें आप वास्तव में इंस्टॉल और उपयोग कर सकते हैं। **आप बना सकते हैं:**

• एक क्लिक-काउंटर एप
• एक वॉयस ट्रांसलेटर
• एक क्विज़ एप
• एक फ्लैशलाइट एप
• और यहाँ तक कि गेम भी!

एप इन्वेंटर के साथ शुरुआत करना - चरण दर चरण

चरण 1: appinventor.mit.edu पर जाएँ "Create apps!" पर क्लिक करें और अपने Google खाते से साइन इन करें।

चरण 2: डिज़ाइनर व्यू यह वह जगह है जहाँ आप अपने एप का लेआउट डिज़ाइन करते हैं:

- बटन, लेबल, चित्र, स्लाइडर जोड़ें
- उन्हें अपनी मोबाइल स्क्रीन पर खींचें

चरण 3: ब्लॉक्स व्यू अब "Blocks" टैब पर क्लिक करें।

- अपने एप को क्या करना है यह बताने के लिए ब्लॉक्स का उपयोग करें
- **उदाहरण:** "जब Button1.Click → Label.Text को 'नमस्ते' पर सेट करें"

चरण 4: अपना फोन कनेक्ट करें

एमआईटी AI2 कंपेनियन एप का उपयोग करके अपने फोन पर क्यूआर कोड के माध्यम से अपने एप का लाइव परीक्षण करें। आपने कोड की एक भी पंक्ति टाइप किए बिना अपना पहला मोबाइल एप बनाया है!

परियोजना विचार: टैप काउंटर एप

- "टैप मी!" लेबल वाला एक बटन जोड़ें
- गिनती दिखाने के लिए एक लेबल जोड़ें
- **ब्लॉक्स व्यू में:**
    - o गिनती के लिए एक वेरिएबल का उपयोग करें

o जब बटन पर क्लिक किया जाता है → गिनती = गिनती + 1

- o नई गिनती के साथ लेबल अपडेट करें

यह आपको सिखाता है:

- वेरिएबल्स
- इवेंट हैंडलिंग
- UI को गतिशील रूप से अपडेट करना

गेम ऑन: स्क्रैच में एक क्लिंकी गेम बनाएं

एक गेम बनाएं जहाँ एक स्प्राइट चलता है और खिलाड़ी को उस पर क्लिक करना होता है। **चरण:**

- हर सेकंड स्प्राइट को बेतरतीब ढंग से घुमाएं
- "when sprite clicked" ब्लॉक का उपयोग करें
- हर बार क्लिक करने पर स्कोर 1 से बढ़ाएं
- ध्वनि और एनिमेशन जोड़ें

गेम तत्व:

- लूप
- वेरिएबल्स (स्कोर)
- इवेंट (क्लिक)
- शर्तें (जीत/हार)

आपने अभी अपना पहला इंटरैक्टिव गेम बनाया है!

ब्लॉक्स के साथ रचनात्मक विचार

विचार	प्लेटफॉर्म	आप क्या सीखेंगे
एक बोलने वाला पालतू जानवर बनाएं	स्क्रैच	ध्वनि + एनिमेशन
दैनिक मूड एप	एप इन्वेंटर	यूआई + डेटा स्टोरेज
गुणन क्विज़	स्क्रैच	शर्तें + गणित
स्टेप काउंटर एप	एप इन्वेंटर	सेंसर
मैजिक 8-बॉल भविष्यवक्ता	स्क्रैच	यादृच्छिक संख्याएँ

आपकी कल्पना आपकी एकमात्र सीमा है!

आप ब्लॉक कोडिंग के साथ क्या बना सकते हैं?

परियोजना प्रकार	उदाहरण
गेम्स	मेज़ रनर, पोंग, शूटिंग गैलरी
कहानियाँ	कॉमिक स्ट्रिप्स, इंटरैक्टिव किताबें
संगीत	साउंडबोर्ड, बीटबॉक्सर
लर्निंग टूल्स	क्विज़ एप, गणित पहेलियाँ
उपयोगी एप्स	टू-डू लिस्ट, अनुवादक, अनुस्मारक एप

इनमें से प्रत्येक परियोजना एक पोर्टफोलियो पीस या यहां तक कि एक स्कूल विज्ञान मेले की प्रविष्टि भी बन सकती है।

विजुअल प्रोग्रामिंग वास्तविक कौशल का निर्माण करती है

हालांकि यह मज़ेदार और आसान है, विजुअल प्रोग्रामिंग शक्तिशाली कौशल का निर्माण करती है **जैसे:**

- समस्या-समाधान
- तार्किक सोच
- अनुक्रमण
- रचनात्मकता
- डीबगिंग

और यह बाद में वास्तविक कोड में संक्रमण को बहुत आसान बनाता है।

वास्तविक बनाम विजुअल प्रोग्रामिंग - एक तुलना

विशेषता	स्क्रैच / एप इन्वेंटर	पायथन / जावा
ब्लॉक्स का उपयोग करता है	✔	✗
कोई सिंटैक्स त्रुटि नहीं	✔	✗
सीखना तेज़	✔	✗
रचनात्मकता के लिए अच्छा	✔	✔
करियर के लिए बढ़िया	(शुरुआती)	✔ (प्रो-स्तर)
सबसे अच्छा किसके लिए	शुरुआती, बच्चे, कलाकार	उन्नत सीखने वाले, नौकरी चाहने वाले

आत्मविश्वास बनाने के लिए विजुअल प्रोग्रामिंग का उपयोग करें, फिर तैयार होने पर वास्तविक कोड पर जाएँ।

अधिक अन्वेषण के लिए संसाधन

संसाधन	प्लेटफॉर्म	आप क्या सीख सकते हैं
स्क्रैच स्टूडियो	scratch.mit.edu	अन्य किशोरों द्वारा प्रोजेक्ट्स
Google द्वारा CS फर्स्ट	csfirst.with-google.com	थीम-आधारित स्क्रैच गतिविधियाँ
एप इन्वेंटर गैलरी	appinventor.mit.edu	छात्रों द्वारा निर्मित वास्तविक एप
आवर ऑफ़ कोड	code.org	विजुअल कोडिंग गेम्स
टिंकर	tynker.com	विजुअल + टेक्स्ट-आधारित कोडिंग

अन्वेषण करें, रीमिक्स करें, और अपने स्वयं के संस्करण बनाएं!

अध्याय पुनरावृत्ति

आइए इस रंगीन अध्याय में हमने जो सीखा है उसकी समीक्षा करें:

- विजुअल प्रोग्रामिंग का अर्थ है टेक्स्ट के बजाय ब्लॉक्स का उपयोग करके कोडिंग करना
- स्क्रैच आपको आसानी से गेम, एनिमेशन और कहानियाँ बनाने में मदद करता है
- एमआईटी एप इन्वेंटर आपको बिना टाइप किए वास्तविक एंड्रॉइड एप बनाने में मदद करता है
- आप वास्तविक कोड के समान तर्क सीखते हैं: लूप्स, शर्तें, वेरिएबल्स
- यह मज़ेदार, रचनात्मक है, और यदि आप कोडिंग में नए हैं तो शुरू करने का सबसे अच्छा तरीका है

त्वरित प्रश्नोत्तरी

- स्क्रैच में मुख्य पात्र का नाम क्या है?
- "when green flag clicked" ब्लॉक क्या करता है?
- एमआईटी एप इन्वेंटर का उपयोग करके आप एक एप का नाम बता सकते हैं जिसे आप बना सकते हैं।
- कौन सी ब्लॉक श्रेणी आपको स्क्रैच में निर्णय लेने में मदद करती है?
- एप इन्वेंटर में डिज़ाइनर व्यू और ब्लॉक्स व्यू में क्या अंतर है?

गतिविधि - अपनी पहली ब्लॉक परियोजना डिज़ाइन करें

- एक विषय चुनें: एक क्विज़, गेम, कहानी, या उपयोगिता एप
- एक प्लेटफॉर्म चुनें: स्क्रैच या एप इन्वेंटर

• अपनी परियोजना में 3 विशेषताएं लिखें
• यह कैसा दिखेगा इसका एक मोटा स्केच बनाएं
• बनाना शुरू करें!

उदाहरण:
एक "दैनिक प्रेरणा" एप जो हर बार जब आप एक बटन पर क्लिक करते हैं तो एक नया उद्धरण दिखाता है।

अध्याय 6

वेब से वाह तक

HTML, CSS और जावास्क्रिप्ट सीखें

परिचय

हर वेबसाइट के पीछे का जादू हर बार जब आप YouTube खोलते हैं, Google पर कुछ खोजते हैं, या Instagram पर स्क्रॉल करते हैं, तो आप वेब का उपयोग कर रहे होते हैं। लेकिन क्या आपने कभी सोचा है कि ये वेबसाइटें ऐसी दिखती और काम क्यों करती हैं? इसका उत्तर तीन शक्तिशाली उपकरणों में है: HTML, CSS और जावास्क्रिप्ट - वेब डेवलपमेंट की पवित्र त्रिमूर्ति। यह अध्याय आपको इन तीनों तकनीकों से परिचित कराएगा, आपको अपना पहला वेबपेज बनाने में मदद करेगा, और फ्रंटएंड वेब डेवलपमेंट की रचनात्मक दुनिया को अनलॉक करेगा। अंत तक, आप कह पाएंगे, "हाँ, मैंने वह वेबसाइट बनाई!"

वेब की नींव यहाँ बताया गया है कि वेब डेवलपमेंट कैसे काम करता है:

भाषा	यह क्या करती है
HTML (हाइपरटेक्स्ट मार्कअप लैंग्वेज)	संरचना – आपके पेज की सामग्री
CSS (कैस्केडिंग स्टाइल शीट्स)	शैली – आपका पेज कैसा दिखता है
जावास्क्रिप्ट	व्यवहार – आपका पेज उपयोगकर्ताओं को कैसे प्रतिक्रिया देता है

आइए एक वास्तविक दुनिया की उपमा का उपयोग करें:

- **HTML कंकाल है** – यह पेज की हड्डियाँ बनाता है (टेक्स्ट, चित्र, लेआउट)।
- **CSS कपड़े और मेकअप है** – यह पेज को सुंदर और स्टाइलिश बनाता है।
- **जावास्क्रिप्ट मस्तिष्क है** – यह बटन, पॉप-अप, गेम जैसी बातचीत जोड़ता है।

एक मूल वेब पेज कैसा दिखता है?

आइए अपना पहला HTML पेज बनाते हैं!

```
HTML
<!DOCTYPE html>
<html>
  <head>
    <title>मेरा पहला वेब पेज</title>
  </head>
```

```
  <body>
    <h1>नमस्ते, दुनिया!</h1>
    <p>यह मेरा पहला वेब पेज है।</p>
  </body>
</html>
```

आइए इसे तोड़ते हैं:

- <!DOCTYPE html> – ब्राउज़र को बताता है कि यह एक HTML5 डॉक्यूमेंट है
- <html> – पूरी वेबपेज
- <head> – पेज के बारे में जानकारी (दिखाई नहीं देती)
- <title> – ब्राउज़र टैब में दिखाया जाने वाला नाम
- <body> – जहाँ आपकी वास्तविक सामग्री जाती है

फाइल को index.html के रूप में सहेजें और अपने ब्राउज़र में खोलें। आपको अपना वेब पेज दिखाई देगा!

गतिविधि

अपना ख़ुद का बायो पेज बनाएं इस टेम्पलेट का उपयोग करें:

HTML

```
<!DOCTYPE html>
<html>
  <head>
    <title>मेरे बारे में</title>
  </head>
  <body>
    <h1>नमस्ते, मैं अनन्या हूँ!</h1>
    <p>मुझे कोडिंग, ड्रॉइंग और फुटबॉल खेलना पसंद है।</p>
    <p>मेरा पसंदीदा भोजन पिज्जा है।</p>
```

```
  </body>
</html>
```

नाम, शौक और भोजन संपादित करें। ब्राउज़र को सहेजें और रीफ्रेश करें। बूम! आपने अभी एक वेबसाइट बनाई है।

CSS के साथ शैली जोड़ें HTML अच्छा है लेकिन सादा है।

आइए इसे CSS के साथ पॉप करते हैं। CSS का उपयोग करने के 3 तरीके हैं:

- इनलाइन – एक टैग के अंदर
- आंतरिक – <head> में <style> के अंदर
- बाहरी – अलग .css फाइल (बड़े प्रोजेक्ट के लिए)

आइए अभी आंतरिक CSS का उपयोग करते हैं।

```
HTML
<head>
  <style>
    body {
      background-color: #f0f8ff;
      font-family: Arial;
    }
    h1 {
      color: darkblue;
    }
    p {
      font-size: 18px;
      color: #333;
    }
```

```
    </style>
  </head>
```
अब आपकी साइट में रंग, फोंट और शैली है!

इसे स्वयं आज़माएं: एक स्टाइल वाला प्रोफाइल पेज बनाएं चरण:

- एक HTML फाइल बनाएं
- एक <style> अनुभाग जोड़ें
- अपनी हेडिंग और पैराग्राफ को स्टाइल करें
- पृष्ठभूमि के रंग, बॉर्डर और पैडिंग जोड़ें

CSS आपको एक डिजिटल कलाकार बनने देता है।

अब इसे गति दें:

जावास्क्रिप्ट जावास्क्रिप्ट (JS) आपके वेबपेज में जान डालता है। JS के साथ,
आप कर सकते हैं:

- अलर्ट दिखाएं
- बटन से काम करवाएं
- सामग्री बदलें
- गेम और एनिमेशन बनाएं

आइए एक साधारण JS अलर्ट लिखें:

```
HTML
<script>
  alert("मेरी शानदार साइट में आपका स्वागत है!");
</script>
```
इसे अपने <body> के अंदर जोड़ें और पेज को फिर से लोड करें। आपको एक पॉपअप बधाई दिखाई देगी!

आइए जावास्क्रिप्ट के साथ एक बटन जोड़ें

HTML

```
<button onclick="sayHello()">मुझ पर क्लिक करें!</button>

<script>
 function sayHello() {
   alert("नमस्ते जावास्क्रिप्ट से!");
 }
</script>
```

यह दो चीज़ें करता है:

- एक क्लिक करने योग्य बटन जोड़ता है
- क्लिक करने पर एक JS फ़ंक्शन को ट्रिगर करता है

आपने अभी इंटरेक्शन बनाया!

परियोजना: एक मिनी इंटरैक्टिव वेबपेज बनाएं तीनों को मिलाएं:

HTML

```
<!DOCTYPE html>
<html>
<head>
  <title>मेरा इंटरैक्टिव पेज</title>
  <style>
   body {
     background-color: #fefbd8;
     text-align: center;  }
   h1 {
```

```
      color: teal;
    }
    button {
      padding: 10px;
      font-size: 16px;
    }
  </style>
</head>
<body>
<h1>मेरी वेब दुनिया में आपका स्वागत है</h1>
<p>एक आश्चर्य के लिए बटन पर क्लिक करें!</p>
<button onclick="alert('आप कमाल के हैं!')">मुझ पर क्लिक करें</
button>
</body>
</html>
```

इसे fun.html के रूप में सहेजें और अपने ब्राउज़र में चलाएं। सरल + रंगीन + इंटरैक्टिव!

वेब कैसे काम करता है (सरलीकृत)

- आप HTML/CSS/JS कोड लिखते हैं
- इसे अपने कंप्यूटर पर सहेजते हैं या इंटरनेट पर अपलोड करते हैं
- एक ब्राउज़र (जैसे क्रोम या फ़ायरफ़ॉक्स) आपके कोड को पढ़ता है और उसे प्रदर्शित करता है
- अब अन्य लोग आपके पेज को ऑनलाइन एक्सेस कर सकते हैं!

लाइव होने के लिए, आप बाद में इसके बारे में जानेंगे:

- होस्टिंग प्लेटफॉर्म (GitHub Pages, Netlify)
- डोमेन नाम
- मोबाइल उपकरणों के लिए उत्तरदायी डिज़ाइन

इन परियोजनाओं के साथ अपने कौशल का निर्माण करें

परियोजना	आप क्या अभ्यास करेंगे
व्यक्तिगत बायो पेज	HTML, हेडिंग, पैराग्राफ
मेरे शौक की सूची	सूचियाँ, चित्र
पसंदीदा उद्धरण	CSS स्टाइलिंग, फोंट
सरल क्विज़ गेम	जावास्क्रिप्ट बटन + तर्क
रंग परिवर्तक	JS + CSS + उपयोगकर्ता घटनाएँ

इनमें से प्रत्येक को केवल एक ब्राउज़र और एक टेक्स्ट एडिटर के साथ किया जा सकता है!

गतिविधि:

अपनी पसंदीदा मूवी वेबसाइट बनाएं आपका लक्ष्य:

- एक HTML पेज बनाएं
- फिल्म का नाम, चित्र, संक्षिप्त समीक्षा जोड़ें
- इसे CSS के साथ स्टाइल करें
- अपनी रेटिंग प्रकट करने के लिए एक JS बटन जोड़ें

उन्नत:

- <div> अनुभागों का उपयोग करके कई फिल्में जोड़ें
- सॉर्ट या फ़िल्टर करने के लिए JS का उपयोग करें

अपनी वेबसाइट को कोड करने के लिए उपकरण

उपकरण	उपयोग
नोटपैड / नोटपैड++	HTML के लिए मूल टेक्स्ट एडिटर
VS कोड	सभी कोडिंग के लिए मुफ़्त और शक्तिशाली एडिटर
रेप्लिट	ऑनलाइन IDE (कोई इंस्टॉलेशन की आवश्यकता नहीं)
CodePen.io	अपने ब्राउज़र में HTML/CSS/JS आज़माएं
GitHub Pages	आपकी परियोजनाओं के लिए मुफ़्त वेबसाइट होस्टिंग

कोई फैंसी सेटअप की आवश्यकता नहीं है - आप 15 मिनट में एक वेबसाइट बना सकते हैं!

अंतर क्या है ?

भाषा	उद्देश्य	उदाहरण
HTML	संरचना	<h1>शीर्षक</h1>
CSS	शैली	h1 { color: red; }
जावास्क्रिप्ट	व्यवहार	alert("नमस्ते!")

एक साथ, वे आधुनिक वेब का निर्माण करते हैं।

HTML, CSS, JS के वास्तविक दुनिया के उपयोग

उद्योग	उदाहरण
ई-कॉमर्स	बटन, फिल्टर के साथ अमेज़ॅन पेज
शिक्षा	ऑनलाइन क्विज़ एप, ई-लर्निंग टूल
सोशल मीडिया	इंस्टाग्राम कहानियाँ और पोस्ट
समाचार और ब्लॉग	स्क्रॉल एनिमेशन, लेआउट डिज़ाइन
गेमिंग	JS का उपयोग करके ब्राउज़र-आधारित गेम

इन कौशलों को सीखकर, आप अपनी ख़ुद की डिजिटल रचनाएँ बना सकते हैं।

किशोर कोडर जिन्होंने शानदार वेब सामग्री बनाई

• **आन्या, 16** – अपनी कक्षा के लिए HTML और JS का उपयोग करके एक "स्टडी ट्रैकर" एप बनाया
• **कार्तिक, 17** – रेप्लिट और गिटहब पेज का उपयोग करके अपने विज्ञान क्लब के लिए एक ब्लॉग बनाया
• **मीनल, 15** – स्कूल उत्सव के लिए एक इंटरैक्टिव "काव्य प्रदर्शन" डिज़ाइन किया

अगर वे कर सकते हैं, तो आप भी कर सकते हैं।

अध्याय पुनरावृत्ति आइए हमने जो कवर किया उसकी समीक्षा करें:

• HTML = वेबपेज की संरचना
• CSS = शैली और डिज़ाइन

• जावास्क्रिप्ट = इंटरैक्टिविटी और तर्क
• एक साथ, वे हर वेबसाइट को शक्ति प्रदान करते हैं जिसे आप रोज़ाना उपयोग करते हैं
• आप कुछ ही पंक्तियों के साथ अपना पहला वेबपेज बना सकते हैं
• CodePen, Replit, VS Code जैसे प्लेटफॉर्म आपको तेज़ी से बनाने में मदद करते हैं

त्वरित प्रश्नोत्तरी

• HTML का पूरा नाम क्या है?
• सबसे बड़ी हेडिंग बनाने के लिए किस टैग का उपयोग किया जाता है?
• CSS में टेक्स्ट का रंग कैसे बदलते हैं?
• वेबपेज में जावास्क्रिप्ट का उपयोग किस लिए किया जाता है?
• एक प्लेटफॉर्म का नाम बताएं जहां आप HTML/CSS/JS ऑनलाइन लिख और चला सकते हैं।

अंतिम गतिविधि:

अपना ख़ुद का पोर्टफोलियो होमपेज बनाएं

• **HTML का उपयोग करके जोड़ें:**
  o आपका नाम
  o एक संक्षिप्त बायो
  o परियोजनाओं की सूची

• **CSS का उपयोग करके:**
  o पृष्ठभूमि के रंग जोड़ें
  o फोंट और हेडिंग को स्टाइल करें

- **जावास्क्रिप्ट का उपयोग करके:**
    - o "मुझसे संपर्क करें" बटन जोड़ें
    - o अपने ईमेल/फोन के साथ एक अलर्ट दिखाएं

इसे सहेजें। इसे दिखाएं। इसे सुधारें। यह वेब डेवलपर बनने की दिशा में आपका पहला क़दम है!

अध्याय 7

पायथन सीखें

सर्वश्रेष्ठ पहली भाषा

परिचय

पायथन से मिलें - आपकी अनुकूल पहली भाषा अगर कोडिंग भाषाएँ सुपरहीरो होतीं, तो पायथन वह शांत, शांत और सुपर-स्मार्ट हीरो होता जिससे हर कोई सीखना चाहता। क्यों?

क्योंकि पायथन है:

- पढ़ने में आसान ✔
- लिखने में आसान ✔
- शक्तिशाली और व्यापक रूप से उपयोग किया जाता है ✔
- शुरुआती और पेशेवरों दोनों के लिए बढ़िया ✔

गेम और वेबसाइट बनाने से लेकर आर्टिफिशियल इंटेलिजेंस और अंतरिक्ष

मिशन चलाने तक, पायथन आज सबसे बहुमुखी और मांग वाली प्रोग्रामिंग भाषा है। आइए पायथन में गोता लगाएं और कोड लिखना शुरू करें जिसे आप वास्तव में समझेंगे और आनंद लेंगे!

पायथन शुरुआती लोगों के लिए क्यों अनुकूल है

कारण	यह क्यों बढ़िया है
सरल सिंटैक्स	अंग्रेज़ी जैसा दिखता है
बहुमुखी	एआई, वेब, गेम, ऑटोमेशन में उपयोग किया जाता है
विशाल समुदाय	सीखने के लिए लाखों कोडर
ढेर सारे ट्यूटोरियल	ऑनलाइन मदद खोजना आसान है
स्कूलों में लोकप्रिय	सीबीएसई, एनईपी 2020 इसकी सिफारिश करते हैं

पायथन आपको व्याकरण पर नहीं, तर्क पर ध्यान केंद्रित करने देता है। यही कारण है कि यह अक्सर Google, MIT और यहां तक कि NASA में भी पहली भाषा सिखाई जाती है!

आपका पहला पायथन कोड -

चरण दर चरण आप पायथन कोड लिख और चला सकते हैं:

• रेप्लिट जैसे ऑनलाइन संपादकों में

• थॉनी या VS कोड जैसे ऑफ़लाइन IDEs में

आइए क्लासिक से शुरू करते हैं:

Python

```
print("नमस्ते, दुनिया!")
```

यह साधारण लाइन:

- पायथन को एक संदेश प्रदर्शित करने के लिए कहता है
- print() फ़ंक्शन का उपयोग करता है
- अन्य भाषाओं की तरह अर्धविराम या घुंघराले ब्रेसेस की आवश्यकता नहीं होती है

बधाई हो— आपने अभी अपना पहला पायथन प्रोग्राम लिखा है!

गतिविधि: अपने आप को नमस्ते कहें

Python

```
नाम = input("आपका नाम क्या है? ")
print("नमस्ते, " + नाम + "! पायथन में आपका स्वागत है।")
```

यह परिचय देता है:

- input() – उपयोगकर्ता इनपुट लेता है
- वेरिएबल्स – डेटा संग्रहीत करते हैं (जैसे नाम)
- + – स्ट्रिंग्स (टेक्स्ट) को जोड़ता है

अलग-अलग नामों को आज़माएं और देखें कि क्या बदलता है!

पायथन बेसिक्स जो आपको जानना चाहिए

आइए सबसे महत्वपूर्ण बिल्डिंग ब्लॉक्स को तोड़ते हैं:

1. वेरिएबल्स वेरिएबल्स को कंटेनर के रूप में सोचें जो जानकारी संग्रहीत करते हैं।

Python

```
उम्र = 15
भाषा = "पायथन"
```

पायथन स्वचालित रूप से समझता है कि यह एक संख्या है या टेक्स्ट।

2. डेटा प्रकार

प्रकार	उदाहरण
इंटीजर (int)	उम्र = 14
फ्लोट (दशमलव)	पाई = 3.14
स्ट्रिंग (टेक्स्ट)	नाम = "आरव"
बूलियन (True/False)	क्या_कूल_है = True

3. लूप्स लूप क्रियाओं को दोहराते हैं। दो मुख्य प्रकार: फॉर लूप:

Python

```
for i in range(5):
    print("अभ्यास परिपूर्ण बनाता है!")
```

व्हाइल लूप:

Python

```
x = 1
while x <= 3:
    print(x)
    x += 1
```

4. If-Else शर्तें निर्णयों के लिए उपयोग किया जाता है।

Python

```
उम्र = int(input("अपनी उम्र दर्ज़ करें: "))
if उम्र >= 18:
    print("आप वोट दे सकते हैं!")
else:
    print("वोट देने के लिए बहुत छोटे हैं।")
```

5. फ़ंक्शंस फ़ंक्शंस कोड के पुनः प्रयोज्य ब्लॉक हैं।

```
Python
def बधाई():
    print("नमस्ते, वहाँ!")

बधाई()
```

6. लिस्ट्स एक लिस्ट कई मानों को संग्रहीत करती है।

```
Python
फल = ["सेब", "केला", "आम"]
print(फल[1]) # आउटपुट: केला
```

आप लिस्ट्स के माध्यम से लूप कर सकते हैं:

```
Python
for फल in फल:
    print(फल)
```

परियोजना 1: संख्या अनुमान लगाने का खेल

```
Python
import random
num = random.randint(1, 10)
guess = int(input("संख्या का अनुमान लगाएं (1-10): "))

if guess == num:
    print("सही!")
else:
    print("ओह! संख्या थी", num)
```

उपयोग की गई अवधारणाएँ:

• एक मॉड्यूल आयात करें

• random.randint()
• if-else

परियोजना 2: सरल कैलकुलेटर

```
Python
a = float(input("पहली संख्या दर्ज़ करें: "))
b = float(input("दूसरी संख्या दर्ज़ करें: "))
op = input("ऑपरेशन चुनें (+, -, *, /): ")

if op == "+":
    print(a + b)
elif op == "-":
    print(a - b)
elif op == "*":
    print(a * b)
elif op == "/":
    print(a / b)
else:
    print("अमान्य ऑपरेशन")
```

उपयोग की गई अवधारणाएँ:

• वेरिएबल्स
• शर्तें
• गणित के ऑपरेशन

परियोजना 3: क्विज़ गेम

```
Python
स्कोर = 0
उत्तर = input("भारत की राजधानी क्या है? ")
```

```
if उत्तर.lower() == "दिल्ली":
    print("सही!")
    स्कोर += 1
else:
    print("ओह! यह दिल्ली है।")

print("आपका स्कोर:", स्कोर)
```

उपयोग की गई अवधारणाएँ:

- इनपुट/आउटपुट
- केस हैंडलिंग (.lower())
- स्कोर रखना

डीबगिंग: जब कोड टूट जाए तो क्या करें

त्रुटियों के बारे में चिंता न करें—वे हर किसी के साथ होती हैं! यहाँ बताया गया है कि **उन्हें कैसे ठीक करें:**

- **त्रुटि संदेश पढ़ें** – पायथन इसे समझाता है
- **वर्तनी और इंडेंटेशन जांचें** – पायथन स्पेसिंग के बारे में सख्त है
- वेरिएबल्स का परीक्षण करने के लिए print() **का उपयोग करें**
- **त्रुटि को गूगल करें** – संभावना है कि दूसरों को भी यही समस्या हुई हो
- **शांत रहें** – डीबगिंग सीखने का एक हिस्सा है

इन मिनी चुनौतियों को आज़माएं

चुनौती	**अभ्यास की गई अवधारणाएँ**
सम या विषम जांचक	if-else
गुणन तालिका जनरेटर	लूप्स

रॉक-पेपर-सिज़र गेम	इनपुट + तर्क
कहानी जनरेटर	स्ट्रिंग + इनपुट
उलटी गिनती टाइमर	लूप्स + टाइम मॉड्यूल

वास्तविक दुनिया में पायथन पायथन का उपयोग इसमें किया जाता है:

• वेब डेवलपमेंट (Django, Flask)
• आर्टिफिशियल इंटेलिजेंस (TensorFlow, scikit-learn)
• डेटा साइंस (pandas, NumPy)
• ऑटोमेशन (स्क्रिप्ट, बॉट)
• गेम डेवलपमेंट (Pygame)

यह कंपनियों को शक्ति प्रदान करता है जैसे:

• Google
• Instagram
• Netflix
• Spotify
• NASA

वास्तविक किशोर कोडर जो पायथन का उपयोग करते हैं

• दिव्या (16) ने अपने स्कूल लाइब्रेरी के लिए एक चैटबॉट बनाया
• राघव (17) ने एक पायथन गेम बनाया और उसे गिटहब पर अपलोड किया
• ईशा (15) ने विज्ञान मेले के लिए मौसम डेटा का विश्लेषण करने के लिए पायथन का उपयोग किया

पायथन युवा हाथों में भी एक शक्तिशाली उपकरण है।

पायथन का अभ्यास करने के लिए उपकरण

उपकरण	यह क्या करता है
रेप्लिट	सेटअप के बिना ऑनलाइन कोडिंग
थॉनी	सरल ऑफ़लाइन IDE
Python.org	आधिकारिक संस्करण डाउनलोड करें
गूगल कोलाब	अपने ब्राउज़र में पायथन लिखें
हैकररैंक / कोडशेफ	कोडिंग चुनौतियों का अभ्यास करें

अनुशंसित संसाधन

- **YouTube:** अपना कॉलेज, CodeWithHarry
- **किताबें:** "पायथन क्रैश कोर्स", "ऑटोमेट द बोरिंग स्टफ विद पायथन"
- **वेबसाइटें:** W3Schools, Programiz, Real Python

शुरुआती से निर्माता तक जाने के लिए इनका अन्वेषण करें।

अध्याय पुनरावृत्ति

आइए हमने जो सीखा है उसे संक्षेप में बताएं:

- पायथन एक सरल, पठनीय और शक्तिशाली भाषा है
- आप इसका उपयोग गेम, क्विज़, कैलकुलेटर और बहुत कुछ बनाने के लिए कर सकते हैं
- मूल बातों में महारत हासिल करें: वेरिएबल्स, लूप्स, इफ-एल्स, फ़ंक्शंस और लिस्ट्स
- छोटे से शुरू करें, ग़लतियाँ करें, और करके सीखें
- पायथन का उपयोग एआई से लेकर एप्स तक, उद्योगों में पेशेवरों द्वारा किया जाता है

त्वरित प्रश्नोत्तरी

• print(3 * 4 + 2) का आउटपुट क्या है?
• input() क्या करता है?
• पायथन में आप फ़ंक्शन कैसे बनाते हैं?
• लिस्ट क्या है? एक उदाहरण दें।
• एक प्लेटफॉर्म का नाम बताएं जहां आप पायथन ऑनलाइन लिख और परीक्षण कर सकते हैं।

अंतिम गतिविधि

एक दैनिक प्रेरणा एप बनाएं
• 5 प्रेरक उद्धरणों की एक सूची बनाएं
• एक उद्धरण चुनने के लिए random.choice() का उपयोग करें
• इसे एक हंसमुख संदेश के साथ प्रिंट करें

उदाहरण:

```
Python
import random
quotes = ["आप यह कर सकते हैं!", "लगे रहो!", "ख़ुद पर विश्वास करो!"]
print(random.choice(quotes))
```

इसे बनाने की कोशिश करें: टाइमर, उपयोगकर्ता इनपुट, या अधिक उद्धरण जोड़ें!

अध्याय 8

वास्तविक परियोजनाएं

जिन्हें आप बना सकते हैं

परिचय

सीखने वाले से निर्माता तक आपने अब पायथन, वेब बेसिक्स, लॉजिक और विजुअल प्रोग्रामिंग सीख ली है - लेकिन आप इन सभी को एक साथ कैसे लाते हैं? **उत्तर:** परियोजनाएं बनाएं! परियोजनाएं वह जगह हैं जहाँ सीखना करना मिलता है। वे आपके कौशल को वास्तविक बनाते हैं, आपकी सीख को दृश्यमान बनाते हैं, और आपका आत्मविश्वास बढ़ाते हैं। यह अध्याय 10 मज़ेदार, उपयोगी और शुरुआती-अनुकूल कोडिंग परियोजनाओं से भरा है जिन्हें आप अपने ज्ञान का उपयोग करके बना सकते हैं। चाहे आप अपने दोस्तों को प्रभावित करना चाहते हों, एक क्लास असाइनमेंट जमा करना चाहते हों, या एक कोडिंग पोर्टफोलियो शुरू करना चाहते हों - यह आपका लॉन्चपैड है।

परियोजनाएं बनाना इतना महत्वपूर्ण क्यों है

लाभ	यह क्यों मायने रखता है
सीखने को मज़बूत करता है	आप जो सीखा है उसे लागू करते हैं
रचनात्मकता बढ़ाता है	आप अपने स्वयं के समाधान डिज़ाइन करते हैं
आत्मविश्वास बनाता है	आप वास्तविक परिणाम देखते हैं
समस्या-समाधान सिखाता है	आप डीबग करना और अनुकूलन करना सीखते हैं
पोर्टफोलियो के लिए बढ़िया है	स्कूल, कॉलेज, इंटर्नशिप के लिए एकदम सही है

याद रखें: वास्तविक चीज़ें बनाने के लिए आपको विशेषज्ञ होने की आवश्यकता नहीं है। आपको बस शुरुआत करने की ज़रूरत है।

किशोर कोडर्स के लिए परियोजना विचार

आइए 10 रोमांचक परियोजनाओं का अन्वेषण करें। प्रत्येक के लिए, हम देखेंगे:

- यह क्या करता है
- आपको क्या चाहिए
- आप किन अवधारणाओं को लागू करेंगे
- इसे विस्तारित करने के लिए बोनस युक्तियाँ

1. ✔ टू-डू लिस्ट एप (पायथन या वेब) यह क्या करता है:
उपयोगकर्ताओं को कार्य जोड़ने, देखने और चिह्नित करने देता है।
उपकरण: पायथन (कंसोल-आधारित) या HTML/CSS/जावास्क्रिप्ट
अवधारणाएं: सूचियां, लूप्स, शर्तें, इनपुट/आउटपुट नमूना (पायथन):

```
Python
कार्य = []
for i in range(3):
    कार्य = input("एक कार्य जोड़ें: ")
    कार्य.append(कार्य)

print("आपके कार्य:")
for t in कार्य:
    print("- " + t)
```

बोनस: "पूर्ण के रूप में चिह्नित करें" जोड़ें या ब्राउज़र एप्स के लिए JS में localStorage का उपयोग करें।

2. रॉक-पेपर-सिज़र गेम (पायथन या जावास्क्रिप्ट) यह क्या करता है: कंप्यूटर के खिलाफ क्लासिक गेम खेलता है। **उपकरण:** पायथन या ब्राउज़र-आधारित JS **अवधारणाएं:** शर्तें, रैंडम, इनपुट/आउटपुट

```
Python
import random
उपयोगकर्ता = input("रॉक, पेपर, या सिज़र? ").lower()
विकल्प = ["रॉक", "पेपर", "सिज़र"]
कंप्यूटर = random.choice(विकल्प)

print("कंप्यूटर ने चुना:", कंप्यूटर)
if उपयोगकर्ता == कंप्यूटर:
    print("यह एक टाई है!")
elif (उपयोगकर्ता == "रॉक" and कंप्यूटर == "सिज़र") or \
     (उपयोगकर्ता == "पेपर" and कंप्यूटर == "रॉक") or \
     (उपयोगकर्ता == "सिज़र" and कंप्यूटर == "पेपर"):
    print("आप जीत गए!")
```

```
else:
    print("आप हार गए।")
```

बोनस: स्कोर ट्रैकिंग या बेस्ट-ऑफ-5 मोड जोड़ें।

3. डिजिटल घड़ी (HTML + CSS + जावास्क्रिप्ट) यह क्या करता है: वास्तविक समय में वर्तमान समय प्रदर्शित करता है। **अवधारणाएं:** DOM, जावास्क्रिप्ट Date ऑब्जेक्ट, **स्टाइलिंग HTML:**

```
HTML
<h1 id="घड़ी"></h1>
```

जावास्क्रिप्ट:

```
JavaScript
function updateClock() {
  let now = new Date();
  document.getElementById("घड़ी").innerText = now.toLocale-
TimeString();
}
setInterval(updateClock, 1000);
```

बोनस: दिनांक, दिन के समय के आधार पर पृष्ठभूमि का रंग, या AM/PM प्रारूप जोड़ें।

4. क्विज़ गेम (पायथन या स्क्रैच) यह क्या करता है: प्रश्न पूछता है और स्कोर देता है। **अवधारणाएं:** इनपुट, इफ-एल्स, स्कोर वेरिएबल्स पायथन **उदाहरण:**

```
Python
स्कोर = 0
q1 = input("फ्रांस की राजधानी? ")
if q1.lower() == "पेरिस":
    स्कोर += 1
```

```
print("आपका स्कोर:", स्कोर)
```

बोनस: अधिक प्रश्न, कठिनाई स्तर, या विजुअल डिज़ाइन के लिए स्क्रैच का उपयोग करें।

5. बजट ट्रैकर (पायथन या एप इन्वेंटर) यह क्या करता है:
आपके खर्चों को ट्रैक करता है और कुल दिखाता है। **अवधारणाएं:** वेरिएबल्स, इनपुट, अंकगणित पायथन **तर्क**:

```
Python
खर्च = []
for i in range(3):
    राशि = float(input("खर्च दर्ज़ करें: ₹"))
    खर्च.append(राशि)
print("कुल खर्च: ₹", sum(खर्च))
```

बोनस: खर्चों को वर्गीकृत करें (भोजन, यात्रा), या मोबाइल संस्करण के लिए एप इन्वेंटर का उपयोग करें।

6. वेदर एप (HTML + CSS + JS + API) यह क्या करता है:
एक ऑनलाइन API का उपयोग करके मौसम प्रदर्शित करता है।
अवधारणाएं: डेटा लाना, APIs का उपयोग करना, DOM हेरफेर
उपकरण: OpenWeatherMap API, JS fetch()
बोनस: शहर खोज, आइकन, या उपयोगकर्ता स्थान जोड़ें।

7. डाइस रोलर (पायथन या JS) यह क्या करता है:
एक पासा रोल करने का अनुकरण करता है। **अवधारणाएं:** रैंडम, आउटपुट, इवेंट्स

```
Python
import random
print("आपने एक", random.randint(1, 6), "रोल किया")
```

बोनस: पासे के चेहरों की छवियां जोड़ें या एक साथ दो पासे रोल करें।

8. स्कूल टाइम टेबल जनरेटर (पायथन या HTML) यह क्या करता है: आपका साप्ताहिक कक्षा कार्यक्रम प्रदर्शित करता है। **अवधारणाएं:** सूचियां, सारणी, लूप्स, शर्तें

बोनस: उपयोगकर्ता को इसे अनुकूलित करने दें या अनुस्मारक जोड़ें।

9. फीडबैक फॉर्म (HTML + CSS) यह क्या करता है: उपयोगकर्ता का नाम, ईमेल और टिप्पणियां एकत्र करता है। **अवधारणाएं:** फॉर्म इनपुट, **स्टाइलिंग HTML:**

```
HTML
<form>
  <input type="text" placeholder="आपका नाम">
  <input type="email" placeholder="ईमेल">
  <textarea placeholder="टिप्पणियाँ"></textarea>
  <button type="submit">जमा करें</button>
</form>
```

बोनस: सत्यापन के लिए JS जोड़ें या पुष्टिकरण संदेशों को स्टाइल करें।

10. प्रशंसा जनरेटर (पायथन या JS) यह क्या करता है: एक यादृच्छिक प्रशंसा प्रदर्शित करता है। **पायथन:**

```
Python
import random
प्रशंसा = ["आप कमाल के हैं!", "बहुत अच्छा काम!", "लगे रहो!"]
print(random.choice(प्रशंसा))
```

बोनस: इसे एक दैनिक एप में बदलें जो अनुस्मारक भेजता है।

एक निर्माता की तरह सोचें

किसी भी परियोजना को शुरू करने से पहले, पूछें:

• मैं इसे क्या करवाना चाहता हूँ?
• इसे किन इनपुट की आवश्यकता होगी?
• यह क्या आउटपुट देगा?
• इसे संरचित करने का सबसे अच्छा तरीका क्या है?

पहले इसे बनाएं। फिर चरण-दर-चरण कोडिंग शुरू करें।

अपनी परियोजनाओं को व्यवस्थित करें फ़ोल्डर बनाएं:

/मेरीपरियोजनाएं
  /ToDoएप
  /क्विज़गेम
  /पोर्टफोलियोसाइट

सभी फाइलों को स्पष्ट रूप से सहेजें:

• index.html
• style.css
• main.py
• script.js

GitHub या Google ड्राइव का उपयोग करके ऑनलाइन बैकअप रखें।

एक अच्छी शुरुआती परियोजना क्या बनाती है ?

गुणवत्ता	यह क्यों मदद करता है
सरल विचार	शुरू करना और ख़त्म करना आसान है
दृश्य परिणाम	अपनी प्रगति तुरंत देखें
विस्तार किया जा सकता है	बाद में सुविधाएँ जोड़ें
जो आप जानते हैं उसका उपयोग करता है	आत्मविश्वास बनाता है
एक समस्या हल करता है	सार्थक लगता है

आपको अगला इंस्टाग्राम बनाने की ज़रूरत नहीं है। कुछ छोटा सा शुरू करें, उसे ख़त्म करें, और वहाँ से आगे बढ़ें।

सुधारें, साझा करें, दोहराएं

एक बार जब आप एक परियोजना पूरी कर लेते हैं:

- **परीक्षण करें** – बग खोजें
- **सुधारें** – नई सुविधाएँ जोड़ें
- **साझा करें** – दोस्तों को दिखाएं, GitHub या ब्लॉग पर अपलोड करें
- **दोहराएं** – अपनी अगली परियोजना बनाएं!

हर कोडर इसी तरह बढ़ता है।

अध्याय पुनरावृत्ति आइए मुख्य बिंदुओं की समीक्षा करें:

- वास्तविक परियोजनाएं कोडिंग ज्ञान को मज़बूत करने में मदद करती हैं
- आप पायथन, HTML, JS, या स्क्रैच का उपयोग करके छोटे एप्स से शुरुआत कर सकते हैं
- आपको पूर्णता की आवश्यकता नहीं है - बस एक स्पष्ट विचार और प्रयास करने का साहस
- अंतहीन परियोजना संभावनाएं हैं: गेम, उपकरण, कैलकुलेटर, वेबसाइटें
- निर्माण, सुधार और साझा करते रहें

त्वरित प्रश्नोत्तरी

- परियोजनाएं बनाना महत्वपूर्ण क्यों है इसका एक कारण क्या है?
- क्विज़ गेम बनाने के लिए आप किस भाषा का उपयोग करेंगे?
- random.choice() का उपयोग किस लिए किया जाता है?

• आप अपने कंप्यूटर पर कई परियोजनाओं को कैसे व्यवस्थित करते हैं?
• एक परियोजना का नाम बताएं जिसे आप इस सप्ताह शुरू करना चाहेंगे।

अंतिम गतिविधि:

अपनी पहली कस्टम परियोजना अपनी ख़ुद की परियोजना की योजना बनाएं:

• परियोजना का नाम:
• यह क्या करेगा:
• आप किस भाषा का उपयोग करेंगे:
• एक शानदार विशेषता जिसे आप शामिल करने का प्रयास करेंगे:

इसे बनाएं, योजना बनाएं, फिर बनाना शुरू करें!

अध्याय 9

AI के युग में कोडिंग

परिचय

AI युग में आपका स्वागत है अलेक्सा द्वारा आपके प्रश्नों का उत्तर देने से लेकर नेटफ्लिक्स द्वारा आपके अगले शो की सिफारिश करने और Google फ़ोटो द्वारा आपके चेहरे को पहचानने तक - आर्टिफिशियल इंटेलिजेंस (AI) हर जगह है। लेकिन यह सब कैसे काम करता है? कोड। AI के केंद्र में शक्तिशाली एल्गोरिदम हैं, जो आप जैसे कोडर्स द्वारा बनाए गए हैं। इस अध्याय में, आप जानेंगे कि कोडिंग और AI कैसे जुड़े हुए हैं, आप AI परियोजनाओं की खोज कैसे शुरू कर सकते हैं, और बुद्धिमान मशीनों की दुनिया में गोता लगाने के लिए पायथन आपका सबसे अच्छा दोस्त कैसे बन जाता है। भविष्य से मिलने के लिए तैयार हो जाइए - और इसे बनाना शुरू करें।

आर्टिफिशियल इंटेलिजेंस क्या है?

आर्टिफिशियल इंटेलिजेंस (AI) तब होता है जब मशीनों को मनुष्यों की तरह सोचने, सीखने और निर्णय लेने के लिए प्रोग्राम किया जाता है। यह आपके कंप्यूटर को एक मस्तिष्क देने जैसा है।

AI मशीनों को मदद करता है:
- छवियों को पहचानना (चेहरा अनलॉक)
- भाषण को समझना (वॉयस असिस्टेंट)
- गेम खेलना (शतरंज बॉट)
- सामग्री की सिफारिश करना (YouTube, Spotify)
- कार चलाना (स्व-ड्राइविंग तकनीक)

AI स्वास्थ्य देखभाल, शिक्षा, कृषि, व्यवसाय, अंतरिक्ष अन्वेषण और उससे आगे बदल रहा है।

AI कोडिंग से कैसे संबंधित है?

किसी भी प्रोग्राम की तरह, AI कोड पर चलता है। लेकिन एक बड़ा अंतर है:

नियमित कोड	AI कोड
आप निर्देश देते हैं	आप उदाहरण देते हैं
निश्चित आउटपुट	पैटर्न सीखता है और सुधार करता है
उदाहरण: कैलकुलेटर	**उदाहरण:** चेहरा पहचान

AI बनाने के लिए, आपको आवश्यकता है:
- कोड लिखें (मुख्यतः पायथन में)
- डेटा फीड करें (संख्याएं, छवियां, टेक्स्ट)

• मॉडल को प्रशिक्षित करें (मशीन लर्निंग)
• परीक्षण करें और सुधारें

मशीन लर्निंग क्या है?

मशीन लर्निंग (ML) AI का एक प्रकार है जहाँ कंप्यूटर को ठीक-ठीक बताए बिना डेटा से सीखते हैं कि क्या करना है। **उदाहरण के लिए:**

• एक मशीन को बिल्लियों और कुत्तों के 1,000 चित्र दिखाएं
• यह पैटर्न "सीखता" है (कान, फर, आकार)
• अब यह अनुमान लगा सकता है कि एक नई तस्वीर बिल्ली है या कुत्ता

इस प्रक्रिया में शामिल है:

• डेटा संग्रह
• डेटा सफाई
• मॉडल प्रशिक्षण
• परीक्षण और सुधार

सभी द्वारा संचालित - आपने अनुमान लगाया - पायथन कोड।

AI शुरुआती लोगों के लिए पायथन उपकरण

पायथन AI के लिए शीर्ष भाषा है। यहाँ लोकप्रिय लाइब्रेरी हैं:

लाइब्रेरी	उपयोग
NumPy	गणित और संख्यात्मक गणना
pandas	डेटा को व्यवस्थित करना और विश्लेषण करना
scikit-learn	मशीन लर्निंग को सरल बनाना
matplotlib	चार्ट और ग्राफ बनाना
TensorFlow	डीप लर्निंग और न्यूरल नेटवर्क
OpenCV	इमेज प्रोसेसिंग और कंप्यूटर विजन

आप जैसे-जैसे बढ़ेंगे, इनमें से कुछ सीखेंगे। NumPy और pandas से शुरुआत करें।

इसे स्वयं आज़माएं: औसत का अनुमान लगाएं आइए

पायथन के औसत फ़ंक्शन का उपयोग करके एक मिनी AI कार्य का अनुकरण करें।

```
Python
import numpy as np

अंक = [88, 76, 90, 85, 92]
औसत = np.mean(अंक)
print("अनुमानित औसत:", औसत)
```

यह दिखाता है कि AI संख्याओं (जैसे छात्र स्कोर) से कैसे सीख सकता है।

परियोजना:

टीचएबल मशीन के साथ मूड डिटेक्टर शुरू से कोड करने के लिए तैयार नहीं हैं? Google द्वारा टीचएबल मशीन आज़माएं।

वेबसाइट: https://teachablemachine.withgoogle.com

यह आपको यह करने देता है:

- 5 मिनट में अपना ख़ुद का AI प्रशिक्षित करें
- अपने वेबकैम, माइक या छवियों का उपयोग करें
- कोई कोडिंग की आवश्यकता नहीं

चरण:

- एक परियोजना चुनें (छवि/ध्वनि/मुद्रा)
- प्रशिक्षण उदाहरण जोड़ें

• मॉडल को प्रशिक्षित करें
• अपनी वेबसाइट या स्क्रैच में उपयोग करने के लिए इसे निर्यात करें
मूड डिटेक्टर या जेस्चर गेम कंट्रोलर बनाने का प्रयास करें!

ChatGPT क्या है ? आप अभी इसका उपयोग कर रहे हैं!

ChatGPT एक शक्तिशाली AI मॉडल है जो मानव-जैसी टेक्स्ट को समझता और उत्पन्न करता है। इसे अरबों शब्दों पर प्रशिक्षित किया गया था और **अब यह मदद करता है:**
• प्रश्नों का उत्तर दें
• कोड लिखें
• कहानियाँ बनाएं
• शोध का सारांश प्रस्तुत करें
• चैटबॉट बनाएं
और हाँ - यह भी पायथन पर चलता है!

गतिविधि:

एक मिनी चैटबॉट बनाएं इस सरल पायथन कोड का उपयोग करें:

```
Python
नाम = input("आपका नाम क्या है? ")
print("नमस्ते " + नाम + "! मैं आज आपकी कैसे मदद कर सकता हूँ?")

प्रश्न = input("मुझसे कुछ पूछो: ")
print("हम्म... मैं अभी भी सीख रहा हूँ। लेकिन यह एक बढ़िया सवाल है!")
```

इस चैटबॉट को अधिक प्रतिक्रियाओं या शुभकामनाओं के साथ विस्तारित करने का प्रयास करें!

कैनवा AI और रचनात्मक उपकरण AI सिर्फ कोडिंग के लिए नहीं है - यह कला और डिज़ाइन में भी है। **उपकरण जैसे:**

- **कैनवा AI** – टेक्स्ट, छवियां, लोगो उत्पन्न करता है
- **DALL•E** – टेक्स्ट को छवियों में बदलता है
- **Lumen5** – ब्लॉग से वीडियो बनाता है
- **Runway ML** – वीडियो एडिटिंग और विशेष प्रभावों के लिए AI

AI अब निर्माताओं, लेखकों, कलाकारों और यहां तक कि उद्यमियों की भी मदद कर रहा है!

कूल बिगिनर AI प्रोजेक्ट आइडियाज

परियोजना	उपकरण	अवधारणाएँ
इमोजी भविष्यवक्ता	पायथन, इफ-एल्स	शर्तें, इनपुट
चेहरा फिल्टर	OpenCV	छवि पहचान
स्पैम ईमेल डिटेक्टर	pandas + ML	टेक्स्ट वर्गीकरण
भाषा अनुवादक	Google API	API, अनुरोध
संख्या भविष्यवक्ता	scikit-learn	डेटा पैटर्न

ज़िम्मेदार कोडिंग:

AI + नैतिकता AI शक्तिशाली है - लेकिन बड़ी शक्ति के साथ बड़ी ज़िम्मेदारी भी आती है। **इसके बारे में सोचें:**

- **पूर्वाग्रह:** क्या आपका डेटा निष्पक्ष है?
- **गोपनीयता:** क्या आप उपयोगकर्ता डेटा की रक्षा कर रहे हैं?
- **सुरक्षा:** क्या आपके कोड का दुरुपयोग किया जा सकता है?
- **पारदर्शिता:** क्या उपयोगकर्ता आपके AI पर भरोसा कर सकते हैं?

एक युवा कोडर के रूप में, आपके पास नैतिक, समावेशी और सुरक्षित AI उपकरण बनाने का अवसर है।

भारत AI का कैसे उपयोग कर रहा है

भारत AI के लिए एक वैश्विक नेता बन रहा है, जिसमें निम्न जैसी पहलें शामिल हैं:

- **AI फॉर ऑल:** सीबीएसई और इंटेल द्वारा मुफ़्त ऑनलाइन AI पाठ्यक्रम
- **स्मार्ट खेती:** AI-आधारित फसल विश्लेषण
- **स्वास्थ्य देखभाल में AI:** प्रारंभिक बीमारी का पता लगाना
- **शासन में AI:** सार्वजनिक सेवाओं के लिए चैटबॉट

2047 तक, AI भारत के डिजिटल विजन का एक मुख्य हिस्सा होगा - और आप इसे बना रहे होंगे।

शब्दावली का समय

शब्द	अर्थ
AI	मशीनें जो मानव बुद्धि की नकल करती हैं
मशीन लर्निंग	डेटा का उपयोग करके मशीनों को प्रशिक्षित करना
मॉडल	एक प्रशिक्षित प्रोग्राम जो भविष्यवाणियाँ करता है
डेटासेट	प्रशिक्षण/परीक्षण के लिए डेटा का संग्रह
पूर्वाग्रह	प्रशिक्षण डेटा में अनुचित वरीयता
पायथन	सबसे लोकप्रिय AI कोडिंग भाषा

अध्याय पुनरावृत्ति आइए इस भविष्यवादी अध्याय को संक्षेप में बताएं:

- AI हर जगह है - फोन से लेकर अस्पतालों तक
- पायथन AI और ML के लिए पसंदीदा भाषा है
- आप टीचएबल मशीन जैसे उपकरणों का उपयोग करके शुरुआती AI

परियोजनाएं बना सकते हैं
• NumPy और scikit-learn जैसी लाइब्रेरी AI को संभव बनाती हैं
• नैतिकता मायने रखती है - AI का ज़िम्मेदारी से उपयोग किया जाना चाहिए
• भारत के डिजिटल भविष्य में आप और आपके AI विचार शामिल हैं

त्वरित प्रश्नोत्तरी

• सरल शब्दों में AI क्या है?
• मशीन लर्निंग में उपयोग की जाने वाली एक पायथन लाइब्रेरी का नाम बताएं।
• टीचएबल मशीन क्या करती है?
• AI में नैतिकता क्यों महत्वपूर्ण है?
• भारत आज AI का एक तरीका क्या उपयोग कर रहा है?

अंतिम गतिविधि:

एक AI परियोजना की योजना बनाएं एक वास्तविक दुनिया की समस्या के बारे में सोचें जिसे आप AI का उपयोग करके हल करना चाहते हैं।

इस टेम्पलेट का उपयोग करें:
• **समस्या:** (उदा., होमवर्क भूलना)
• **विचार:** (उदा., स्मार्ट अनुस्मारक एप)
• **इनपुट:** (उदा., शेड्यूल)
• **आउटपुट:** (उदा., सूचनाएं)
• **उपकरण:** पायथन, AI API, या टीचएबल मशीन
इसे बनाएं। फिर एक छोटा प्रोटोटाइप या डेमो बनाने का प्रयास करें।

अध्याय 10

स्मार्ट तरीके से कोडिंग कैसे सीखें

परिचय

अधिक स्मार्ट काम करें, कठिन नहीं कोडिंग सीखना कभी-कभी भारी लग सकता है। इतनी सारी भाषाएँ, इतने सारे ट्यूटोरियल, इतने सारे शब्दजाल। लेकिन यहाँ एक रहस्य है: आपको सब कुछ सीखने की आवश्यकता नहीं है - आपको बस स्मार्ट तरीके से सीखने की आवश्यकता है। यह अध्याय बिना थके कोडिंग में महारत हासिल करने के लिए आपका मार्गदर्शक है।

आप सीखेंगे:

- कहाँ से शुरू करें
- किस पर ध्यान केंद्रित करें
- विकर्षणों से कैसे बचें
- किन प्लेटफार्मों पर भरोसा करें
- और जब चीज़ें कठिन हो जाएं तो कैसे आगे बढ़ें

आइए कोडिंग सीखने के लिए अधिक स्मार्ट, तेज़ और अधिक मज़ेदार तरीकों को अनलॉक करें!

एक योजना के साथ शुरू करें

एक ट्यूटोरियल में कूदने से पहले, एक पल रुकें। **अपने आप से पूछें:**
- मैं कोडिंग क्यों सीखना चाहता हूँ?
- मैं क्या बनाना चाहता हूँ? (वेबसाइटें, गेम, एप, AI?)
- मैं हर हफ्ते कितना समय दे सकता हूँ?

एक बार जब आप इनका उत्तर दे दें, तो एक योजना बनाएं। यहाँ एक शुरुआती के लिए एक नमूना है:

सप्ताह	ध्यान केंद्रित करें
1	पायथन बेसिक्स: प्रिंट, वेरिएबल्स, इनपुट
2	लूप्स, इफ-एल्स, लिस्ट्स
3	सरल परियोजनाएं: कैलकुलेटर, क्विज़
4	वेब देव बेसिक्स: HTML, CSS
5	जावास्क्रिप्ट परिचय + DOM
6	अंतिम परियोजना (पोर्टफोलियो पेज या गेम)

यदि आप लगातार हैं तो प्रतिदिन 30 मिनट भी फ़र्क ला सकते हैं।

मुफ़्त बनाम सशुल्क पाठ्यक्रम - सबसे अच्छा क्या है?

सैकड़ों संसाधन हैं - लेकिन सभी समान नहीं हैं। यहाँ कैसे चुनें:

प्रकार	पेशेवरों	विपक्ष
मुफ़्त	कोई लागत नहीं, शुरुआती लोगों के लिए बढ़िया	कभी-कभी गहराई की कमी होती है
सशुल्क	संरचित, गहन, प्रमाणपत्र	महंगा हो सकता है

सर्वश्रेष्ठ मुफ़्त प्लेटफार्म

प्लेटफॉर्म	ताकत
W3Schools	HTML, CSS, JS स्टेप बाय स्टेप सीखें
Khan Academy	विजुअल जावास्क्रिप्ट और लॉजिक
Code.org	शुरुआती-अनुकूल ब्लॉक + टेक्स्ट कोडिंग
freeCodeCamp	पूर्ण वेब देव + प्रमाणन
Sololearn	मोबाइल लर्निंग + क्विज़
NPTEL (भारत)	सरकार समर्थित, गहन सीएस पाठ्यक्रम

सर्वश्रेष्ठ सशुल्क प्लेटफार्म

प्लेटफॉर्म	हाइलाइट्स
Udemy	विशेषज्ञों द्वारा किफायती पाठ्यक्रम
Coursera	विश्वविद्यालय-स्तरीय प्रमाणपत्र
Coding Ninjas	भारत में लोकप्रिय, शुरुआती से पेशेवर तक
WhiteHat Jr / BYJU'S Future School	छोटे छात्रों के लिए 1-ऑन-1 पाठ
Scaler Academy	उन्नत सीखने वाले, नौकरी-केंद्रित

मुफ़्त ट्यूटोरियल से शुरू करें। यदि आप बाद में गंभीर हैं, तो गहराई में जाने के लिए एक सशुल्क पाठ्यक्रम चुनें।

कुशलता से कैसे सीखें

यहाँ आपकी स्मार्ट लर्निंग टूलकिट है:

1. कोड साथ-साथ करें, सिर्फ देखें नहीं देखते हुए कोड टाइप करने से आप तेज़ी से सीखते हैं।
2. रोज़ाना अभ्यास करें प्रतिदिन 20 मिनट भी मांसपेशियों की स्मृति बनाता है।
3. तर्क के लिए पेन और पेपर का उपयोग करें कोडिंग से पहले, अपने तर्क को चरणों या फ्लोचार्ट की तरह लिखें।
4. अपने स्वयं के नोट्स बनाएं लूप्स, सिंटैक्स, फ़ंक्शंस के लिए एक चीट शीट बनाएं।
5. मिनी परियोजनाएं बनाएं हर हफ्ते जो कुछ भी आप सीखते हैं उसे लागू करें।

इन सामान्य जालों से बचें

जाल	समाधान
10 ट्यूटोरियल देखना और कुछ भी नहीं करना	एक से चिपके रहें, उसे लागू करें
बिना समझे कोड कॉपी-पेस्ट करना	रुकें और प्रत्येक पंक्ति को समझें
1 त्रुटि के बाद हार मान लेना	इसे गूगल करें, मदद मांगें, फिर से प्रयास करें
अपनी तुलना दूसरों से करना	आपकी यात्रा, आपकी गति

याद रखें: यहां तक कि विशेषज्ञ कोडर भी फंस जाते हैं। पूर्णता से प्रगति बेहतर है।

सक्रिय शिक्षण > निष्क्रिय देखना

निष्क्रिय शिक्षण	सक्रिय शिक्षण
एक वीडियो देखना	स्वयं कोड टाइप करना
एक लेख पढ़ना	एक चुनौती को हल करना
कोड कॉपी करना	अपना स्वयं का संस्करण बनाना
याद करना	यह कैसे काम करता है यह समझना

हर बार जब आप कोड टाइप करते हैं, उसे तोड़ते हैं, और उसे ठीक करते हैं - तो आप अधिक स्मार्ट हो रहे हैं।

"सीखें, बनाएं, दोहराएं" चक्र का उपयोग करें

यह 3-चरणीय चक्र आपको विकसित करता रहता है:

- एक नई अवधारणा सीखें (उदा., लूप्स)
- इसका उपयोग करके कुछ छोटा बनाएं (उदा., तालिका जनरेटर)
- एक नई अवधारणा के साथ दोहराएं (उदा., फ़ंक्शंस)

यह सिद्धांत को वास्तविक कौशल में बदल देता है।

अपने सीखने को गैमिफाई करें

कोडिंग को एक गेम में बदलकर मज़ेदार बनाएं!

प्लेटफॉर्म	यह कैसे मदद करता है
CodeCombat	फंतासी खेलों के माध्यम से पायथन/JS सीखें
HackerRank	समस्याओं को हल करें, सितारे अर्जित करें
Codewars	चुनौतियों के साथ स्तर ऊपर करें
Edabit	शुरुआती-अनुकूल पहेलियाँ

लक्ष्य निर्धारित करें:

• "मैं इस सप्ताह 5 समस्याएं हल करूंगा"

• "मैं हर रविवार को एक नई परियोजना बनाऊंगा"

जब आप सफल हों तो अपने आप को पुरस्कृत करें!

किशोर कोडर्स के लिए सर्वश्रेष्ठ YouTube चैनल

चैनल	ध्यान केंद्रित करें
Apna College	हिंदी + स्पष्ट पायथन और डीएसए
CodeWithHarry	वेब से AI तक सब कुछ हिंदी में
BroCode	सभी स्तरों के लिए मज़ेदार, तेज़ ट्यूटोरियल
Tech with Tim	पायथन, गेम, AI
Simplilearn	मुफ़्त पाठ्यक्रम और क्रैश ट्यूटोरियल

एक चुनें, एक महीने तक उसके साथ रहें, और सब कुछ लागू करें।

मदद मांगने के लिए सर्वश्रेष्ठ समुदाय

• **Stack Overflow** – किसी भी त्रुटि के लिए पूछें या खोजें

• **Reddit r/learnprogramming** – शुरुआती लोगों के लिए अनुकूल

• **Discord coding servers** – वास्तविक समय में मदद प्राप्त करें

• **GitHub** – परियोजनाएं साझा करें, दूसरों से सीखें

• **Replit Community** – अपने एप्स दिखाएं, प्रतिक्रिया प्राप्त करें

याद रखें: पूछना कमजोरी नहीं है। यह स्मार्ट है।

फंसे हुए महसूस कर रहे हैं?

यहाँ क्या करें

• एक अलग स्पष्टीकरण आज़माएं (वीडियो, लेख, फोरम)
• एक ब्रेक लें, फिर बाद में वापस आएं
• किसी और को सिखाएं जो आपने सीखा है - यह आपकी सोच को स्पष्ट करता है
• उस अवधारणा को लागू करने के लिए एक छोटी परियोजना बनाएं
• अस्थायी रूप से विषय बदलें (पायथन से HTML पर जाएं, फिर वापस)

आपको सब कुछ एक साथ सीखने की ज़रूरत नहीं है। छोटे-छोटे टुकड़े लें।

बर्नआउट से बचें:

अपना ख्याल रखें कोडिंग मज़ेदार है - लेकिन इसे ज़्यादा न करें। संतुलन बनाए रखने का तरीका यहाँ दिया गया है:

करें	न करें
स्क्रीन ब्रेक लें	5 घंटे लगातार कोड करें
बाहर जाएं, घूमें	बहुत देर तक बैठे रहें
अच्छी नींद लें	पूरी रात डीबगिंग करते रहें
जीत का जश्न मनाएं	बग्स के बारे में जुनूनी न हों

आपका मस्तिष्क बढ़ने के लिए आराम चाहता है।

किशोर कोडर्स के लिए लर्निंग रोडमैप

चरण	क्या सीखना है
1. बेसिक्स	पायथन या ब्लॉक कोडिंग
2. परियोजनाएं	गेम, क्विज़, उपकरण
3. वेब देव	HTML, CSS, जावास्क्रिप्ट

4. करियर कौशल	गिटहब, समस्या समाधान
5. उन्नत	AI, APIs, फ्रेमवर्क
6. इंटर्नशिप	वास्तविक-दुनिया कोडिंग अनुभव

अपनी गति चुनें। जल्दी मत करो। गहराई > गति।

वास्तविक किशोर सफलता की कहानियां

- **तनवी (17):** YouTube पर पायथन सीखा, अब अपने स्कूल के लिए बॉट बनाती है।
- **अनुज (16):** freeCodeCamp का वेब देव कोर्स पूरा किया, साधारण वेबसाइटों के लिए फ्रीलांस करता है।
- **रितिका (15):** 4 परियोजनाओं का एक पोर्टफोलियो बनाया और एक कोडिंग बूटकैंप में इंटर्नशिप मिली।

वे सभी वहीं से शुरू हुए जहाँ आप अभी हैं। उन्हें क्या ख़ास बनाया? वे आगे बढ़ते रहे।

अध्याय पुनरावृत्ति आइए हमने जो सीखा है

उसे संक्षेप में बताएं:

- स्मार्ट लर्निंग = स्पष्ट लक्ष्य, दैनिक अभ्यास, सक्रिय निर्माण
- मुफ़्त संसाधनों से शुरू करें; जब तैयार हों तो स्तर ऊपर करें
- साथ-साथ कोड करें, प्रश्न पूछें, परियोजनाएं बनाएं
- समुदायों में शामिल हों और अपना काम साझा करें
- तुलना न करें - अपनी गति से सीखें
- बर्नआउट से बचें - आराम प्रक्रिया का हिस्सा है

त्वरित प्रश्नोत्तरी

- कोडिंग करते समय बर्नआउट से बचने का सबसे अच्छा तरीका क्या है?
- ऑनलाइन कोडिंग सीखने के लिए दो मुफ़्त प्लेटफार्मों का नाम बताएं।
- "साथ-साथ कोड करें" "सिर्फ देखने" से बेहतर क्यों है?
- यह एक संकेत क्या है कि आप सक्रिय रूप से सीख रहे हैं?
- कोडिंग समस्या में फंसने पर आपको क्या करना चाहिए?

अंतिम गतिविधि:

अपनी व्यक्तिगत शिक्षण योजना डिज़ाइन करें अपनी कस्टम 4-सप्ताह की **योजना बनाएं:**

- **सप्ताह 1:**
- **सप्ताह 2:**
- **सप्ताह 3:**
- **सप्ताह 4:**

प्लेटफॉर्म, परियोजनाएं और दैनिक समय (उदा., 30 मिनट/दिन) चुनें। जवाबदेह बने रहने के लिए इसे किसी दोस्त या परिवार के सदस्य के साथ साझा करें। याद रखें: आपको जल्दी करने की आवश्यकता नहीं है। आपको बस स्मार्ट तरीके से शुरुआत करने की आवश्यकता है।

अध्याय 11

कोडिंग और कंप्यूटर विज्ञान में करियर

परिचय

आपका कोड, आपका करियर क्या होगा अगर कोडिंग के प्रति आपका प्यार आपका करियर बन जाए? चाहे आप एप्स बनाना, पहेलियाँ सुलझाना, गेम डिज़ाइन करना, या साइबर अपराध से लड़ना पसंद करते हों - आपके लिए एक टेक जॉब इंतज़ार कर रही है। दुनिया तेज़ी से बदल रही है, और कोडर्स की अत्यधिक मांग है।

इस अध्याय में, आप जानेंगे:

• कोडिंग और टेक में 8 रोमांचक करियर
• प्रत्येक के लिए कौशल, उपकरण और सीखने के रास्ते
• टेक पेशेवरों के जीवन में एक दिन की झलक

• स्कूल में रहते हुए शुरुआत करने के लिए युक्तियाँ
तैयार हो जाइए यह जानने के लिए कि आपकी कोडिंग यात्रा आपको कहाँ ले जा सकती है!

1. सॉफ्टवेयर डेवलपर वे क्या करते हैं:
एप्लिकेशन, प्रोग्राम और उपकरण बनाते हैं जिनका हम हर दिन उपयोग करते हैं - **कंप्यूटर, फोन और टैबलेट पर।**
सामान्य उपकरण:
- **भाषाएँ:** पायथन, जावा, C++
- **IDEs:** विजुअल स्टूडियो, IntelliJ
- **संस्करण नियंत्रण:** Git और GitHub

दिनचर्या: कोड लिखें और परीक्षण करें, बग ठीक करें, टीम मीटिंग में भाग लें, सुविधाएँ अपडेट करें, प्रोग्राम डॉक्यूमेंट करें।
आवश्यक कौशल: समस्या-समाधान, मज़बूत तर्क, टीमवर्क, विस्तार पर ध्यान।
यहाँ से शुरू करें:
- पायथन और जावा सीखें
- सरल एप्स और उपकरण बनाएं (उदा., टू-डू लिस्ट, कैलकुलेटर)
- GitHub पर ओपन-सोर्स में योगदान करें

2. वेब डेवलपर (फ्रंटएंड + बैकएंड) वे क्या करते हैं:
वेबसाइटें बनाते हैं - यह कैसा दिखता है (फ्रंटएंड) से लेकर यह कैसे काम करता है (बैकएंड) तक सब कुछ।
फ्रंटएंड स्टैक: HTML, CSS, जावास्क्रिप्ट, **रिएक्ट बैकएंड स्टैक:** Node.js, पायथन (Django/Flask), डेटाबेस (SQL, MongoDB) **दिनचर्या:** वेबसाइटों को डिज़ाइन और अपडेट करें, मोबाइल संगतता सुनिश्चित करें, फ्रंटएंड को बैकएंड से कनेक्ट करें। **आवश्यक कौशल:** रचनात्मकता, उत्तरदायी डिज़ाइन, API ज्ञान, टीमवर्क।
यहाँ से शुरू करें:

• अपनी ख़ुद की पोर्टफोलियो साइट बनाएं
• एक साधारण वेबसाइट को क्लोन करें (नेटफ्लिक्स, अमेज़ॅन होमपेज)
• Git, CSS फ्रेमवर्क (जैसे बूटस्ट्रैप) सीखें

3. गेम डेवलपर वे क्या करते हैं:
गेम डिज़ाइन और कोड करते हैं - मोबाइल पहेलियाँ से लेकर 3D पीसी रोमांच तक। **व्यापार के उपकरण:** यूनिटी (C#), अनरियल इंजन (C++), ब्लेंडर (डिज़ाइन के लिए), **गोडोट दिनचर्या:** स्तरों को बनाने के लिए डिज़ाइनरों के साथ काम करें, बग ठीक करें, प्रदर्शन को अनुकूलित करें, उपयोगकर्ता अनुभव का परीक्षण करें।
आवश्यक कौशल: रचनात्मक सोच, गणित/भौतिकी, कहानी कहने, डीबगिंग।
यहाँ से शुरू करें:
• स्क्रैच या पायथन में एक साधारण गेम बनाएं (जैसे टिक टैक टो या स्नेक)
• यूनिटी बेसिक्स सीखें
• गेम जैम या ऑनलाइन गेम प्रतियोगिताओं में शामिल हों

4. साइबर सुरक्षा विश्लेषक वे क्या करते हैं:
सिस्टम, वेबसाइटों और डेटा को हैकर्स और खतरों से बचाते हैं। **उपकरण:** Wireshark, काली लिनक्स, फायरवॉल, नैतिक हैकिंग सॉफ्टवेयर **दिनचर्या:** कमज़ोरियों के लिए परीक्षण करें, खतरों की निगरानी करें, सुरक्षा खामियों को ठीक करें, सुरक्षा प्रोटोकॉल बनाएं। **आवश्यक कौशल:** जिज्ञासा, विस्तार पर ध्यान, समस्या-समाधान, बुनियादी नेटवर्किंग।
यहाँ से शुरू करें:
• नेटवर्क और ऑपरेटिंग सिस्टम के बेसिक्स सीखें
• नैतिक हैकिंग पाठ्यक्रम (CEH) आज़माएं
• TryHackMe या Hack The Box जैसे प्लेटफार्मों का उपयोग करें

5. डेटा वैज्ञानिक वे क्या करते हैं:
बड़े डेटा में पैटर्न को समझने और स्मार्ट निर्णय लेने के लिए कोड + गणित का उपयोग करते हैं। सामान्य **उपकरण:** पायथन, R, SQL, pandas, NumPy, matplotlib, Jupyter **दिनचर्या:** डेटा को साफ और विश्लेषण करें, मॉडल बनाएं, परिणामों को विज़ुअलाइज़ करें, व्यवसायों को यह तय करने में मदद करें कि आगे क्या करना है। **आवश्यक कौशल:** गणित (सांख्यिकी), तर्क, डेटा के साथ कहानी कहने, पायथन

यहाँ से शुरू करें:
- पायथन में अपने स्कूल के परीक्षा स्कोर का विश्लेषण करें
- pandas और matplotlib का उपयोग करना सीखें
- शुरुआती डेटा परियोजनाएं आज़माएं (नेटफ्लिक्स ट्रेंड्स, मौसम डेटा)

6. AI/ML इंजीनियर वे क्या करते हैं:
स्मार्ट मशीनें और मॉडल बनाते हैं जो सीखते हैं - जैसे चैटबॉट, सिफारिश इंजन, या चेहरा पहचान। **उपकरण:** पायथन, TensorFlow, Keras, scikit-learn, OpenCV **दिनचर्या:** मशीन लर्निंग मॉडल को प्रशिक्षित करें, भविष्यवाणियों का परीक्षण करें, प्रदर्शन को ठीक करें, डेटा टीमों के साथ काम करें। **आवश्यक कौशल:** मज़बूत पायथन, बीजगणित, डेटा हैंडलिंग, तार्किक तर्क

यहाँ से शुरू करें:
- एक मिनी AI बनाने के लिए टीचएबल मशीन का उपयोग करें
- scikit-learn के साथ ML के बेसिक्स सीखें
- एक चैटबॉट या भावना विश्लेषक बनाएं

7. एप डेवलपर (एंड्रॉइड/iOS) वे क्या करते हैं:
स्मार्टफोन और टैबलेट के लिए एप्स बनाते हैं। **भाषाएँ/उपकरण:** जावा, कोटलिन (एंड्रॉइड), स्विफ्ट (iOS), फ्लटर (क्रॉस-प्लेटफ़ॉर्म), एंड्रॉइड स्टूडियो, **फ़ायरबेस दिनचर्या:** एप सुविधाएँ कोड करें, उपकरणों पर परीक्षण करें, अपडेट अपलोड करें, बग ठीक करें, डिज़ाइन में सुधार

करें। **आवश्यक कौशल:** मोबाइल UI/UX ज्ञान, API एकीकरण, समस्या-समाधान, डीबगिंग

यहाँ से शुरू करें:

- MIT एप इन्वेंटर आज़माएं
- फ्लटर या कोटलिन सीखें
- सरल एप्स बनाएं (काउंटर, दैनिक योजनाकार, दिन का उद्धरण)

8. उद्यमी / टेक स्टार्टअप संस्थापक वे क्या करते हैं:

टेक और कोडिंग का उपयोग करके अपना ख़ुद का उत्पाद या कंपनी बनाते हैं (जैसे ज़ोमैटो, ओला, **या BYJU'S) उपकरण:** विचार पर निर्भर करता है! इसमें वेब उपकरण, एप प्लेटफॉर्म, या AI API शामिल हो सकते हैं **दिनचर्या:** कोड + व्यवसाय का प्रबंधन करें, टीम बनाएं, निवेशकों को पिच करें, उत्पाद का परीक्षण करें, वास्तविक दुनिया की समस्याओं को हल करें। **आवश्यक कौशल:** कोडिंग + नेतृत्व + रचनात्मकता + जोखिम लेना

यहाँ से शुरू करें:

- स्कूल/स्थानीय समस्या को हल करने के लिए एक सरल एप या वेबसाइट बनाएं
- विचारों को कैसे पिच करें सीखें
- स्टार्टअप क्लबों या नवाचार कार्यक्रमों में शामिल हों (जैसे अटल टिंकरिंग लैब्स)

कोडिंग करियर की तुलना

करियर	कोडिंग फोकस	मज़ेदार कारक	कमाई की संभावना
सॉफ्टवेयर देव	एप्स और उपकरण	☆☆☆☆	₹₹₹₹
वेब देव	वेबसाइटें	☆☆☆☆	₹₹₹
गेम देव	गेम और एनिमेशन	☆☆☆☆☆	₹₹₹

साइबर सुरक्षा	ऑनलाइन सुरक्षा	☆ ☆ ☆ ☆	₹₹₹₹
डेटा साइंस	गणित + पैटर्न	☆ ☆ ☆	₹₹₹₹
AI/ML	स्मार्ट सिस्टम	☆ ☆ ☆ ☆	₹₹₹₹₹
एप देव	मोबाइल एप्स	☆ ☆ ☆ ☆	₹₹₹
स्टार्टअप संस्थापक	कुछ भी!	☆ ☆ ☆ ☆ ☆	असीमित

अभी तैयारी कैसे शुरू करें

यहां तक कि अगर आप स्कूल में हैं, तो यहां बताया गया है कि कैसे शुरू करें: **सीखें:**

• पायथन, HTML/CSS, बेसिक JS
• लॉजिक बिल्डिंग, समस्या समाधान
• गिटहब और परियोजना साझाकरण

बनाएं:

• मनोरंजन या स्कूल के लिए परियोजनाएं (क्विज़ एप, कैलकुलेटर, पोर्टफोलियो साइट)
• मिनी-इंटर्नशिप या ऑनलाइन प्रतियोगिताएं आज़माएं (हैकथॉन, AI4Youth, कोडिंग ओलंपियाड)

साझा करें:

• एक गिटहब प्रोफाइल बनाएं
• टेक फ़ोरम और छात्र समुदायों में शामिल हों
• अपनी परियोजनाओं के साथ एक डिजिटल रिज़्यूमे बनाएं

एक किशोर कोडर के साथ साक्षात्कार नाम:

ज़ोया मेहता (उम्र 17) लक्ष्य: एक AI इंजीनियर बनना

प्रश्न: आपने शुरुआत कैसे की?

मैंने लॉकडाउन के दौरान पायथन से शुरुआत की। फिर मैंने एक चैटबॉट बनाया जो ग्रहों के बारे में सवालों के जवाब देता है।

प्रश्न: आप कहाँ से सीखती हैं?

अपणा कॉलेज जैसे YouTube चैनल और GitHub से परियोजनाएं।

प्रश्न: आपका सपना क्या है?

एक AI सिस्टम बनाना जो छात्रों को अधिक स्मार्ट तरीके से अध्ययन करने में मदद करे। दूसरों को सलाह: "कॉलेज तक इंतज़ार न करें - अभी बनाना शुरू करें, भले ही वह छोटा ही क्यों न हो।"

करियर तैयारी युक्तियाँ

कार्रवाई	यह क्यों मदद करता है
परियोजनाएं बनाएं	वास्तविक कौशल दिखाता है
स्कूल कोडिंग क्लबों में शामिल हों	अभ्यास + सहयोग
हैकथॉन में भाग लें	दबाव में सीखें
एक लिंक्डइन प्रोफाइल बनाएं	जल्दी खोजे जाएं
शिक्षकों/गुरुओं से पूछें	अनुभव से सीखें

बोनस: इंटर्नशिप और प्रतियोगिताओं के लिए तैयार हो जाइए

- स्कूल क्लबों में शामिल हों (रोबोटिक्स, STEM, कोडिंग)
- वेबिनार, कार्यशालाओं में भाग लें (AI4Youth, टिंकर फेस्ट, आदि)
- **इसमें भाग लें:**
    - o Google Code-In
    - o टेक्नोथलोन

o अटल इनोवेशन चैलेंज
o स्मार्ट इंडिया हैकथॉन
o TCS CodeVita

प्रमाणपत्र, परियोजना लिंक और लेखन को एक पोर्टफोलियो फाइल में तैयार रखें।

अध्याय पुनरावृत्ति

आइए इस शक्ति-पैक अध्याय को संक्षेप में बताएं:

- कोडिंग सॉफ्टवेयर, AI, वेब, गेम, सुरक्षा और स्टार्टअप के लिए दरवाज़े खोलती है
- प्रत्येक करियर को अलग-अलग उपकरणों की आवश्यकता होती है, लेकिन सभी तर्क + रचनात्मकता से शुरू होते हैं
- आप परियोजनाओं, प्लेटफार्मों और प्रतियोगिताओं के माध्यम से अभी तैयारी कर सकते हैं
- अन्वेषण करें, प्रयोग करें, और उत्सुक रहें - आपकी सपनों की टेक जॉब इंतज़ार कर रही है!

त्वरित प्रश्नोत्तरी

- एक डेटा वैज्ञानिक क्या करता है?
- एक वेब डेवलपर द्वारा उपयोग किए जाने वाले एक उपकरण का नाम बताएं।
- फ्रंटएंड और बैकएंड के बीच क्या अंतर है?
- आप स्कूल में रहते हुए टेक करियर की तैयारी कैसे शुरू कर सकते हैं?
- आप अपने GitHub में किस प्रकार की परियोजनाएं जोड़ सकते हैं?

अंतिम गतिविधि:

अपनी रुचियों को करियर से मिलाएं

आपको क्या पसंद है	मिलान करियर
ड्रॉइंग और डिज़ाइन	फ्रंटएंड वेब देव या गेम देव
पहेलियाँ सुलझाना	साइबर सुरक्षा विश्लेषक
गणित और आँकड़े	डेटा वैज्ञानिक या AI इंजीनियर
लोगों से बात करना	टेक उद्यमी
गेम खेलना	गेम डेवलपर या एप डेवलपर

अब अपना उत्तर लिखें:

- वह टेक करियर जिसके बारे में मैं सबसे ज़्यादा उत्साहित हूँ: __________
- यह मुझे क्यों सूट करता है: __________________________
- इस सप्ताह मैं इसे प्राप्त करने के लिए क्या करूंगा: ________________

अध्याय 12

गर्ल्स हू कोड और हर कोई कोड कर सकता है

परिचय

कोडिंग का कोई लिंग नहीं होता क्या लड़कियाँ कोड कर सकती हैं? क्या गैर-इंजीनियर एप बना सकते हैं? क्या बच्चे चीज़ों को स्वचालित करना सीख सकते हैं? बिल्कुल। सच्चाई सरल है: कोडिंग हर किसी के लिए है। आपका लिंग, आयु, पृष्ठभूमि या गणित के अंक कुछ भी हों, यदि आप जिज्ञासु हैं और चीज़ें बनाना पसंद करते हैं, तो प्रोग्रामिंग की दुनिया आपके लिए खुली है। यह अध्याय रूढ़ियों को तोड़ेगा, टेक में महिलाओं का जश्न मनाएगा, और आपको - लड़की या लड़के, शहर या गाँव - को सशक्त करेगा: हाँ, मैं कोड कर सकता हूँ!

रूढ़ियों को तोड़ना

आपने शायद सुना होगा:

- "कोडिंग लड़कों के लिए है।"
- "लड़कियों को कंप्यूटर पसंद नहीं होते।"
- "कोड करने के लिए आपको एक प्रतिभाशाली व्यक्ति होने की आवश्यकता है।"

ये मिथक झूठे हैं। वास्तव में:

- दुनिया के पहले कुछ कंप्यूटर प्रोग्रामर महिलाएँ थीं।
- कोड करने वाली लड़कियाँ अक्सर तर्क और डिज़ाइन में लड़कों से बेहतर प्रदर्शन करती हैं।
- आपको प्रतिभाशाली होने की आवश्यकता नहीं है। आपको बस शुरुआत करने की आवश्यकता है।

एकमात्र वास्तविक आवश्यकता? **रुचि + प्रयास।**

कोडिंग सीखने की सच्चाई

मिथक	सच्चाई
आपको गणित विशेषज्ञ होने की आवश्यकता है	आपको बस तार्किक सोच की आवश्यकता है
कोडिंग केवल इंजीनियरों के लिए है	बच्चे, कलाकार, यहाँ तक कि लेखक भी आज कोड करते हैं
लड़कियाँ टेक में अच्छी नहीं होती हैं	लड़कियाँ हर क्षेत्र में टेक का नेतृत्व कर रही हैं
आपको महंगे गैजेट्स की आवश्यकता है	आप एक फोन या कम लागत वाले लैपटॉप पर शुरू कर सकते हैं

कोडिंग विचारों, जिज्ञासा और रचनात्मकता के बारे में है - ऐसे गुण जो हर किसी के पास होते हैं।

कोड के साथ दुनिया बदलने वाली लड़कियाँ

आइए कुछ प्रेरणादायक भारतीय महिलाओं से मिलते हैं जो कोड करके सफलता की राह पर हैं:

ऋचा कर – ज़िवामे की संस्थापक
उन्होंने क्या बनाया: भारत का अग्रणी ऑनलाइन लॉन्जरी ब्रांड
टेक ने कैसे मदद की: उन्होंने ख़रीदने के पैटर्न का अध्ययन करने के लिए डेटा एनालिटिक्स और कोडिंग टूल का उपयोग किया और एक उपयोगकर्ता-अनुकूल ई-कॉमर्स साइट लॉन्च की।

सुची मुखर्जी – लाइमरोड की संस्थापक
उन्होंने क्या बनाया: स्मार्ट टेक द्वारा संचालित एक फैशन डिस्कवरी प्लेटफॉर्म
टेक ने कैसे मदद की: एक एप बनाया जो उपयोगकर्ताओं को AI-संचालित सुझावों का उपयोग करके स्टाइलिश लुक डिज़ाइन और खरीदारी करने की अनुमति देता है।

भव्य गोयल – 16 साल की उम्र में एप डेवलपर
उन्होंने क्या बनाया: एक स्कूल इवेंट ट्रैकिंग एप
टेक ने कैसे मदद की: उन्होंने YouTube पर एप डेवलपमेंट सीखा, MIT एप इन्वेंटर का उपयोग किया, और अपने पूरे स्कूल के लिए कुछ उपयोगी बनाया।

रेशमा सोजानी – गर्ल्स हू कोड (USA) की संस्थापक
उन्होंने क्या बनाया: लड़कियों को प्रोग्रामिंग सीखने में मदद करने के लिए

एक वैश्विक आंदोलन
टेक ने कैसे मदद की: एक कोडिंग क्लब के साथ शुरू किया। अब दुनिया भर में हज़ारों क्लब हैं।

हमें टेक में और लड़कियों की आवश्यकता क्यों है

• भारत में केवल 5 में से 1 टेक पेशेवर महिलाएँ हैं
• अधिक लड़कियाँ = अधिक विचार, बेहतर उत्पाद
• महिलाएँ सहानुभूति, रचनात्मकता और सहयोग लाती हैं - कोडिंग के लिए एक़दम सही
• NEP 2020 अब स्कूलों में सभी लिंगों के लिए डिजिटल और कोडिंग कौशल को प्रोत्साहित करता है

कोडिंग सीखकर, लड़कियाँ कर सकती हैं:
• सम्मान अर्जित करें
• स्वतंत्रता प्राप्त करें
• नवाचार का नेतृत्व करें
• भारत के डिजिटल भविष्य को आकार दें

शिक्षकों और माता-पिता की भूमिका

माता-पिता और शिक्षकों को लड़कियों का समर्थन करना चाहिए:

• कंप्यूटर और STEM किट तक समान पहुंच प्रदान करके
• उन्हें टेक क्लबों, हैकथॉन में शामिल होने के लिए प्रोत्साहित करके
• केवल परिणामों की नहीं, बल्कि प्रयासों की प्रशंसा करके
• धैर्यवान और सकारात्मक रोल मॉडल बनकर

याद रखें: आत्मविश्वास समर्थन से आता है।

स्कूल हर किसी को कोड करने में कैसे मदद कर सकते हैं

राष्ट्रीय शिक्षा नीति (NEP) 2020 के तहत, स्कूलों को अब प्रोत्साहित किया जाता है:

- कक्षा 6 से आगे कोडिंग शुरू करें
- हैंड्स-ऑन सीखने के लिए कोडिंग क्लब (CoC) बनाएं
- बैगलेस डेज़ और गतिविधि अवधियों में कोडिंग शामिल करें
- स्क्रैच, पायथन, HTML/CSS, और एप इन्वेंटर जैसे उपकरणों का उपयोग करें
- छात्रों को प्रेरित करने के लिए स्थानीय टेक रोल मॉडल लाएं

भारत के कार्यक्रम जो लड़कियों को कोड करने में सहायता करते हैं

पहल	यह क्या प्रदान करता है
AI फॉर यूथ (CBSE + इंटेल)	मुफ़्त AI बेसिक्स, कोडिंग उपकरण, परियोजनाएं
गर्ल्स इन टेक – नैसकॉम	छात्रवृत्ति और मेंटरशिप
अटल इनोवेशन मिशन (नीति आयोग)	स्कूलों में टिंकरिंग लैब्स
डिजिटल इंडिया मिशन	इंटरनेट + डिजिटल कौशल प्रशिक्षण
शी कोड्स इंडिया हैकथॉन	स्कूल और कॉलेज में लड़कियों के लिए कोडिंग प्रतियोगिताएं

उनका अन्वेषण करें, भाग लें, और चमकें!

वास्तविक जीवन की किशोर लड़की कोडर्स आर्या (उम्र 15) –

एक चैटबॉट बनाया "मैंने अपनी स्कूल लाइब्रेरी के लिए एक पायथन चैटबॉट बनाया। अब छात्र इसे किताबों के सुझावों के लिए पूछ सकते हैं!" नेहा (उम्र 13) – स्क्रैच गेम डेवलपर "मैंने एक गेम डिज़ाइन किया जहाँ एक लड़की पर्यावरण को बचाती है। मेरे दोस्तों को यह बहुत पसंद आया और उन्होंने मुझे भी स्क्रैच सिखाने के लिए कहा!" अनन्या (उम्र 16) – वेब डिज़ाइनर "मैंने अपनी चाची के कला व्यवसाय के लिए एक पोर्टफोलियो वेबसाइट बनाई। उन्हें अधिक ग्राहक मिलने लगे!" शुरू करने के लिए आपको डिग्री की आवश्यकता नहीं है - आपको बस एक सपना चाहिए।

हर कोई कोड कर सकता है - लड़के भी!

कोडिंग केवल लड़कियों के लिए नहीं है - यह हर किसी के लिए है। लड़कों को लड़की कोडर्स का समर्थन और सहयोग करना चाहिए। **एक साथ, हम कर सकते हैं:**

- समावेशी टीमें बनाएं
- सोचने के विविध तरीके सीखें
- एक-दूसरे की सफलताओं का जश्न मनाएं
- टेक दुनिया को दयालु और रचनात्मक बनाएं

आइए "मैं बनाम आप" से **"हम मिलकर बनाते हैं"** की ओर बढ़ें।

शामिल होने के लिए क्लब और समुदाय

नाम	यह किसके लिए है	यह क्या प्रदान करता है
गर्ल्स हू कोड (इंडिया चैप्टर्स)	स्कूली लड़कियाँ	मुफ़्त पाठ्यक्रम, गुरु, क्लब
कोडशेफ फॉर स्कूल्स	लड़के और लड़कियाँ	साप्ताहिक चुनौतियाँ, लीडरबोर्ड
स्क्रैच समुदाय	बच्चे 8-16	गेम और एनिमेशन साझा करें
शी लव्स कोड डिस्कॉर्ड सर्वर	लड़कियाँ 13+	सहायक कोडिंग चैट रूम
AI4Youth क्लब	सीबीएसई स्कूल के छात्र	AI परियोजनाएं + प्रमाणन

अपने निकटतम अध्याय को खोजें या अपना ख़ुद का क्लब शुरू करें!

लड़की कोडर्स के लिए करियर पथ

रुचि	करियर विकल्प
ड्रॉइंग / डिज़ाइन	UI/UX डिज़ाइनर, वेब देव
शिक्षण	कोडिंग ट्रेनर, टेक शिक्षक
विज्ञान + तर्क	AI इंजीनियर, डेटा वैज्ञानिक
सुरक्षा / रहस्य	साइबर सुरक्षा विश्लेषक
समस्या-समाधान	सॉफ्टवेयर डेवलपर, एप बिल्डर
कहानी कहने	गेम डेवलपर, एनिमेटर

टेक एक रास्ता नहीं है - यह कई रास्ते हैं। अपना चुनें!

टूल जो कोडिंग को मज़ेदार और मैत्रीपूर्ण बनाते हैं

टूल	यह क्यों बढ़िया है
स्क्रैच	शुरुआत करना आसान, खींचें और छोड़ें ब्लॉक
MIT एप इन्वेंटर	कोड टाइप किए बिना वास्तविक मोबाइल एप बनाएं
Code.org	गेम-आधारित सीखने के साथ शुरुआती-अनुकूल
Replit	ब्राउज़र में पायथन और HTML लिखें
कैनवा + AI	स्मार्ट प्रेजेंटेशन, लोगो डिज़ाइन और कोड करें

मज़ेदार चीज़ों से शुरू करें - **और वहां से आगे बढ़ें।**

कार्य योजना:

5 चरणों में शुरुआत करें

- एक भाषा या प्लेटफॉर्म चुनें (उदा., स्क्रैच या पायथन)
- एक परियोजना चुनें (उदा., क्विज़ गेम, कहानी वेबसाइट)
- अभ्यास करने के लिए प्रतिदिन 30 मिनट का समय निकालें
- एक कोडिंग समूह या क्लब में शामिल हों
- ज़रूरत पड़ने पर मदद मांगें - सीखने से कभी न डरें

अध्याय पुनरावृत्ति

आइए हमने जो खोजा है उसकी समीक्षा करें:

- कोडिंग लड़कियों, लड़कों, हर किसी के लिए है
- "कोडिंग लड़कों के लिए है" जैसे मिथक पुराने और झूठे हैं
- कई प्रेरणादायक भारतीय महिलाएँ आज टेक का नेतृत्व कर रही हैं

• स्कूल, माता-पिता और दोस्त टेक में अधिक लड़कियों का समर्थन कर सकते हैं
• सरल उपकरणों से शुरू करें, क्लबों में शामिल हों, और वास्तविक परियोजनाएं बनाएं
• सशक्त किशोर - सभी लिंगों के - भारत के टेक भविष्य का नेतृत्व कर सकते हैं

त्वरित प्रश्नोत्तरी

• एक भारतीय महिला का नाम बताएं जिसने एक टेक कंपनी की स्थापना की।
• स्क्रैच का उपयोग किस लिए किया जाता है?
• NEP 2020 स्कूलों में कोडिंग के बारे में क्या कहता है?
• किशोर लड़कियों ने किस तरह की परियोजनाएं बनाई हैं?
• लड़के समावेशी टेक स्थानों का समर्थन कैसे कर सकते हैं?

अंतिम गतिविधि:

प्रतिबिंबित करें और योजना बनाएं इनका उत्तर दें:
• कोडिंग के बारे में एक मिथक जिस पर मैं विश्वास करता था: __________
• टेक में एक लड़की जो मुझे प्रेरित करती है: __________
• मेरी पहली परियोजना का विचार: ____________
• मैं इस सप्ताह क्या करूंगा: ____________
• मैं किसके साथ कोड करने के लिए आमंत्रित करूंगा: ____________

याद रखें: आप टेक में हैं। आइए मिलकर भविष्य बनाएं।

अध्याय 13

अपना पहला पोर्टफोलियो बनाएं

परिचय

आपका काम अंकों से बढ़कर बोलता है कल्पना कीजिए कि आप एक इंटर्नशिप, टेक क्लब, या यहाँ तक कि कॉलेज के लिए आवेदन कर रहे हैं। भीड़ से अलग दिखने वाली एक चीज क्या है? आपका कोडिंग पोर्टफोलियो। एक पोर्टफोलियो आपकी डिजिटल खजाना पेटी है। यह आपकी दिखाता है:

- परियोजनाएं
- कौशल
- रुचियां
- विकास यात्रा

चाहे आप शुरुआती हों या उभरते हुए कोडर, यह अध्याय आपको एक शक्तिशाली टेक पोर्टफोलियो बनाने के लिए मार्गदर्शन करेगा - क़दम दर क़दम।

कोडिंग पोर्टफोलियो क्या है?

एक कोडिंग पोर्टफोलियो आपके काम का एक संग्रह है जो यह दर्शाता है कि आप कोड का उपयोग करके क्या बना सकते हैं, हल कर सकते हैं या बना सकते हैं। यह एक रिज़्यूमे जैसा है - लेकिन कहीं अधिक रोमांचक!

इसमें शामिल हो सकता है:
- आपके द्वारा बनाए गए वेब पेज
- पायथन परियोजनाएं
- गेम और एनिमेशन
- AI प्रयोग
- आपके द्वारा डिज़ाइन किए गए एप
- स्कूल आईटी परियोजनाएं

और सबसे अच्छी बात? भले ही आप अभी भी सीख रहे हों, आप अभी शुरू कर सकते हैं।

स्कूल में आपको इसकी आवश्यकता क्यों है ?

कारण	यह क्यों मायने रखता है
आपके वास्तविक कौशल दिखाता है	केवल अंकों से बढ़कर
वैश्विक प्रदर्शन	सलाहकारों या कॉलेजों के साथ साझा कर सकते हैं
आत्मविश्वास बनाता है	आप देखते हैं कि आपने कितना विकास किया है
इंटर्नशिप के लिए तैयार	जल्दी आवेदन करना शुरू करें
प्रतियोगिताओं में अलग दिखता है	न्यायाधीशों को काम देखना पसंद है

अपने पोर्टफोलियो में क्या शामिल करें आइए इसे तोड़ते हैं:

1. परिचय

- नाम, ग्रेड, स्कूल
- आपकी रुचियों के बारे में एक छोटा पैराग्राफ (उदा., "मुझे पायथन उपकरण बनाना और वेबसाइटें डिज़ाइन करना पसंद है!")

2. परियोजनाएं (आपके पोर्टफोलियो का दिल) इसमें 3-5 परियोजनाएं शामिल करें:

- शीर्षक (उदा., "टू-डू लिस्ट वेब एप")
- स्क्रीनशॉट या डेमो वीडियो
- प्रयोग की गई तकनीक (पायथन, HTML, स्क्रैच)
- यह क्या करता है
- आपने क्या सीखा या बनाया

3. कौशल सूची

- **भाषाएँ:** पायथन, HTML, जावास्क्रिप्ट
- **उपकरण:** Replit, GitHub, स्क्रैच, कैनवा
- **सॉफ्ट स्किल्स:** टीमवर्क, रचनात्मकता, प्रस्तुति

4. प्रमाणपत्र (यदि कोई हो)

- कोडिंग निंजा बैज
- Code.org प्रमाणपत्र
- Google CS First, AI4Youth, आदि।

5. संपर्क जानकारी

- ईमेल या लिंक्डइन
- गिटहब उपयोगकर्ता नाम
- **वैकल्पिक:** आपका ब्लॉग या YouTube यदि आप कोडिंग समझाते हैं

अपना पोर्टफोलियो कैसे बनाएं (स्टेप-बाय-स्टेप)

आइए इसे एक साथ बनाते हैं!

स्टेप 1: एक प्रारूप चुनें आप अपने पोर्टफोलियो को इनमें से एक तरीके से बना सकते हैं:

विधि	उपकरण
✔ वेबसाइट	HTML/CSS या Wix, Carrd जैसे पोर्टफोलियो बिल्डरों
✔ GitHub रेपो	कोड + readme फाइलें
✔ Google स्लाइड	visually प्रस्तुत करना आसान है
✔ PDF / Canva	त्वरित साझाकरण के लिए स्टाइलिश
✔ब्लॉग / Notion पेज	इंटरैक्टिव और लचीला

एक ऐसा चुनें जो शुरू करना आसान लगे। आप बाद में अपग्रेड कर सकते हैं।

स्टेप 2: परियोजनाएं चुनें अपनी 3-5 सर्वश्रेष्ठ/पसंदीदा परियोजनाएं चुनें। इसे मिलाएं:

प्रकार	उदाहरण
वेब देव	आपकी व्यक्तिगत वेबसाइट
पायथन	कैलकुलेटर, क्विज़, चैटबॉट
स्क्रैच	एनिमेशन या गेम
AI/ML	भावना विश्लेषक या टीचएबल मशीन
एप	MIT एप इन्वेंटर के साथ बनाया गया प्लानर

छोटी परियोजनाएं भी मायने रखती हैं। बस सुनिश्चित करें कि आपने उन्हें स्वयं बनाया है।

स्टेप 3: परियोजना विवरण लिखें इस आसान प्रारूप का उपयोग करें: शीर्षक: वेदर फॉरकास्ट एप बनाया गया: HTML, CSS, जावास्क्रिप्ट यह क्या करता है: OpenWeather API का उपयोग करके वर्तमान मौसम दिखाता है मैंने क्या सीखा: APIs कैसे काम करते हैं, यूजर इंटरफेस डिज़ाइन करना इसे छोटा, ईमानदार और विशिष्ट रखें।

स्टेप 4: स्क्रीनशॉट या लिंक जोड़ें एक अच्छा पोर्टफोलियो सिर्फ बताता नहीं है, दिखाता भी है। जोड़ें:
- आपके कोड या इंटरफ़ेस के स्क्रीनशॉट
- आपके एप के चलने के GIF
- वीडियो डेमो (आप Google ड्राइव या YouTube पर अपलोड कर सकते हैं)
- कोड के लिए GitHub लिंक

टिप: अपनी परियोजना फाइलों को फ़ोल्डरों में अच्छी तरह से व्यवस्थित रखें।

स्टेप 5: अपना "मेरे बारे में" जोड़ें एक छोटा, आकर्षक परिचय लिखें। उदाहरण:
- "नमस्ते! मैं कबीर हूँ, एक 10वीं कक्षा का छात्र जिसे पायथन और मज़ेदार गेम बनाना पसंद है।"
- "मुझे कोड के साथ समस्याओं को हल करना, साधारण वेबसाइटें डिज़ाइन करना और AI उपकरण सीखना पसंद है।"

यदि यह एक वेबसाइट है तो इमोजी या आइकन का उपयोग करें - इसे मज़ेदार रखें!

अपना पोर्टफोलियो कहाँ होस्ट करें

प्लेटफॉर्म	इसका उपयोग क्यों करें
GitHub Pages	HTML पोर्टफोलियो के लिए मुफ़्त होस्टिंग
Carrd	सरल ड्रैग-एंड-ड्रॉप वेबसाइटें
Replit	ब्राउज़र में कोड दिखाएं और चलाएं
Notion	एक सुंदर सिंगल-पेज प्रोफाइल साझा करें
LinkedIn	अपनी परियोजनाओं को पिन करने के लिए "फीचर्ड" अनुभाग का उपयोग करें

GitHub के बारे में सब कुछ

GitHub आपके कोड को होस्ट करने के लिए सबसे अच्छी जगह है। यहाँ कैसे शुरू करें: ✔ **स्टेप-बाय-स्टेप:**

- एक मुफ़्त GitHub खाता बनाएं
- एक नई रिपॉजिटरी (रेपो) बनाएं
- अपनी परियोजना फाइलें अपलोड करें
- एक README.md लिखें (आपकी परियोजना को समझाता है)
- लिंक साझा करें!

टिप: अपनी README को एक ब्लॉग पोस्ट की तरह लिखें - शीर्षक, सुविधाओं, स्क्रीनशॉट और "कैसे उपयोग करें" के साथ।

नमूना पोर्टफोलियो: मिलिए अर्जुन से, कक्षा 11 मेरे बारे में:

मैं अर्जुन हूँ, दिल्ली का एक छात्र जिसे कोडिंग, क्रिकेट और मनोरंजन के लिए टेक बनाना पसंद है।

परियोजनाएं:

• क्विज़ गेम इन पायथन

  o लूप्स और इफ-एल्स के साथ बनाया गया

  o दोस्तों को परीक्षाओं के लिए अध्ययन करने में मदद करता है

• इको-रिमाइंडर वेब एप

  o HTML, CSS, JS का उपयोग करके बनाया गया

  o रोशनी बंद करने के लिए पॉप-अप अलर्ट भेजता है

• टिक टैक टो गेम (स्क्रैच)

  o छोटे चचेरे भाइयों के लिए डिज़ाइन किया गया

  o वेरिएबल्स और लॉजिक ब्लॉक का उपयोग करना सीखा

प्रमाणपत्र:

• AI फॉर यूथ: बिगिनर

• W3Schools HTML कोर्स

GitHub: github.com/arjun-codes **ईमेल:** arjunstudent@gmail.com

टेक किशोरों के लिए रिज़्यूमे युक्तियाँ

जब आप एक इंटर्नशिप, प्रतियोगिता, या कॉलेज टेक क्लब के लिए आवेदन करने के लिए तैयार हों, **तो जोड़ें:**

• छोटा बायो

• आपकी शीर्ष 3 परियोजनाएं

• आपके GitHub या Replit लिंक

• स्कूल ग्रेड + कोडिंग भाषाएं

• सॉफ्ट स्किल्स: टीमवर्क, प्रस्तुतियाँ

याद रखें: वास्तविक कौशल + परियोजनाएं >>> अकेले उच्च अंक!

एक अच्छे पोर्टफोलियो के बिल्डिंग ब्लॉक्स

✔ स्पष्ट, ईमानदार विवरण
✔ विभिन्न प्रकार की परियोजनाएं
✔ पढ़ने में आसान प्रारूप
✔ कौशल का प्रमाण (प्रमाणपत्र, लिंक)
✔ नियमित रूप से अपडेट किया गया सही होने की चिंता न करें। छोटा शुरू करें, धीरे-धीरे बनाएं।

अपना पोर्टफोलियो कहाँ साझा करें

- स्कूल परियोजना मेलों के दौरान शिक्षकों के साथ
- ऑनलाइन कोडिंग प्रतियोगिताओं के दौरान
- लिंक्डइन या छात्र डिस्कॉर्ड समूहों पर
- हैकथॉन या टेक मीटअप में
- कार्यशालाओं या इंटर्नशिप के लिए आवेदन करते समय

भले ही आप सिर्फ 15-16 साल के हों, लोग प्रेरित सीखने वालों को देखना पसंद करते हैं।

बोनस: एक व्यक्तिगत स्पर्श जोड़ें

अपने पोर्टफोलियो को अलग दिखाने के लिए विचार:

- अपने ड्राइंग/डिज़ाइन जोड़ें (यदि UI/UX आपकी चीज है)
- अपनी कोडिंग यात्रा के बारे में एक ब्लॉग लिखें
- एक मुश्किल बग को कैसे ठीक किया इसके पीछे के दृश्यों को साझा करें
- एक खंड जोड़ें "मैं अगला क्या सीखना चाहता हूँ..."

आपका पोर्टफोलियो = आपकी आवाज़।

अध्याय पुनरावृत्ति

आइए इसे समाप्त करें:

• एक पोर्टफोलियो यह दिखाता है कि आपने क्या बनाया है - न केवल आप क्या जानते हैं

• शुरुआती भी कुछ परियोजनाओं के साथ एक शुरू कर सकते हैं

• GitHub, Google स्लाइड, या Notion जैसे उपकरणों का उपयोग करें

• अपना परिचय, परियोजना विवरण, कौशल और स्क्रीनशॉट शामिल करें

• इसे अपडेट रखें और आत्मविश्वास से साझा करें!

आज ही शुरू करें - जैसे-जैसे आप सीखते हैं, बनाते जाएं। आपका भविष्य का आत्म आपको धन्यवाद देगा।

त्वरित प्रश्नोत्तरी

• एक कोडिंग पोर्टफोलियो का उद्देश्य क्या है?

• एक परियोजना विवरण में शामिल करने के लिए 3 चीज़ों का नाम बताएं।

• आप अपने कोड को होस्ट करने के लिए किस प्लेटफॉर्म का उपयोग कर सकते हैं?

• आप अपने पोर्टफोलियो को कैसे अलग दिखा सकते हैं?

• कॉलेज से पहले पोर्टफोलियो रखना क्यों उपयोगी है?

अंतिम गतिविधि: एक मिनी पोर्टफोलियो बनाएं (अभी!)

इसे आज़माएं:

• आपने बनाई हुई एक परियोजना चुनें

• Google स्लाइड या Notion खोलें

- **जोड़ें:**
    - o शीर्षक
    - o यह क्या करता है
    - o स्क्रीनशॉट
    - o आपने क्या सीखा

इसे अपने शिक्षक या किसी मित्र के साथ साझा करें। आप अब आधिकारिक तौर पर एक पोर्टफोलियो के साथ एक कोडर हैं!

अध्याय 14

शौक से करियर तक

आपकी टेक यात्रा

परिचय

कोड से करियर तक आपने मनोरंजन के लिए कोडिंग शुरू की। शायद आपने एक गेम बनाया, एक पहेली सुलझाई, या बस स्क्रैच के साथ खेला। लेकिन अब आप सोच रहे हैं—क्या मैं इसे एक वास्तविक करियर में बदल सकता हूँ?

उत्तर एक बड़ा हाँ है! इस अध्याय में, हम आपको दिखाएंगे:

- कोडिंग को जुनून से पेशे में कैसे बदलें
- कक्षा 12 के बाद शिक्षा पथ
- सरकारी सहायता और वास्तविक दुनिया के अवसर

• अपनी टेक यात्रा की योजना कैसे बनाएं—क़दम दर क़दम आइए आपके शौक को अगले स्तर पर ले जाएं!

स्टेप 1: स्कूल के बाद अपने विकल्पों को जानें

जब आप कक्षा 12 पूरी कर लेते हैं, तो आपके पास अपनी टेक यात्रा जारी रखने के कई तरीके होते हैं। आपकी रुचि और स्ट्रीम (विज्ञान, वाणिज्य, कला) के आधार पर, यहाँ कुछ सामान्य विकल्प दिए गए हैं:

विज्ञान स्ट्रीम के छात्रों के लिए

कोर्स	यह क्या प्रदान करता है
बी.टेक (कंप्यूटर साइंस, AI/ML, IT)	प्रोग्रामिंग, सिस्टम, नेटवर्क, AI में गहन अध्ययन
बी.एससी. कंप्यूटर साइंस या डेटा साइंस में	सिद्धांत + व्यावहारिक कोडिंग और अनुसंधान
बी.टेक सूचना सुरक्षा या IoT में	साइबर सुरक्षा, रोबोटिक्स और स्मार्ट टेक करियर के लिए

वाणिज्य/कला छात्रों के लिए (हाँ, आप भी!)

कोर्स	यह क्या प्रदान करता है
बीसीए (बैचलर ऑफ कंप्यूटर एप्लीकेशंस)	केंद्रित कोडिंग + सॉफ्टवेयर बिल्डिंग
वेब/एप डेवलपमेंट में डिप्लोमा	त्वरित नौकरी-तैयार कौशल
बीए/बीकॉम + कोडिंग में सर्टिफिकेट	लघु पाठ्यक्रमों के माध्यम से रचनात्मकता को टेक के साथ मिलाएं

टिपः कोडर बनने के लिए आपको इंजीनियर होने की आवश्यकता नहीं है।

स्टेप 2: स्कूल में रहते हुए कौशल विकसित करें अभी शुरू करें।

आपको कॉलेज तक इंतज़ार करने की आवश्यकता नहीं है। ये करें:

- पायथन, HTML/CSS, या जावास्क्रिप्ट सीखें
- 2–3 सरल परियोजनाएं बनाएं
- Coursera या YouTube पर एक मुफ़्त कोर्स लें
- अपने स्कूल के कोडिंग या STEM क्लब में शामिल हों
- GitHub या Google Slides का उपयोग करके एक बुनियादी पोर्टफोलियो बनाएं

हर परियोजना = आपके करियर की ओर एक क़दम।

स्टेप 3: सरकारी कार्यक्रमों का अन्वेषण करें जो आपका समर्थन करते हैं

भारत एक डिजिटल-प्रथम भविष्य का निर्माण कर रहा है—और आप इसका हिस्सा हैं! यहाँ कुछ प्रमुख पहलें हैं जो आप जैसे छात्रों की मदद कर रही हैं:

डिजिटल इंडिया मिशन लक्ष्य: भारत को डिजिटल रूप से सशक्त बनाना

आपको क्या मिलता है:

- मुफ़्त ऑनलाइन लर्निंग पोर्टल
- स्कूलों में अधिक कोडिंग लैब
- सार्वजनिक Wi-Fi, ई-बुक्स, और ई-लर्निंग टूल

अटल इनोवेशन मिशन (AIM) द्वारा चलाया गया: नीति आयोग

आपको क्या मिलता है:

- स्कूलों में अटल टिंकरिंग लैब्स (ATLs)
- रोबोटिक किट, कोडिंग टूल, मेकर स्पेस
- छात्र नवाचारों के लिए समर्थन
- ATL मैराथन और टिंकरफेस्ट जैसी प्रतियोगिताएं

स्किल इंडिया + PMKVY आपको क्या मिलता है:

- मुफ़्त कौशल-आधारित टेक प्रशिक्षण
- आईटी उपकरण, एप बिल्डिंग में प्रमाणन
- नौकरियों और उद्यमिता के लिए समर्थन

विजिट करें: www.skillindia.gov.in

AI फॉर यूथ (CBSE + इंटेल द्वारा) आपको क्या मिलता है:

- AI, डेटा, और पायथन बेसिक्स सीखें
- वास्तविक-दुनिया के डेटासेट का उपयोग करके परियोजनाएं बनाएं
- प्रशिक्षण के बाद प्रमाणपत्र
- विश्व स्तर पर विचारों को प्रस्तुत करने का मौका

अपने स्कूल या जिला पोर्टल के माध्यम से जुड़ें!

स्टेप 4: हैकथॉन, ओलंपियाड और इंटर्नशिप का लक्ष्य रखें

स्कूल के छात्र के रूप में भी, आप ऐसी प्रतियोगिताओं में भाग ले सकते हैं जिनका कॉलेज और टेक कंपनियां सम्मान करती हैं।

कार्यक्रम	किसके लिए	लाभ
स्मार्ट इंडिया हैकथॉन (SIH)	कक्षा 9-12 और कॉलेज	राष्ट्रीय प्रदर्शन, नकद पुरस्कार
Google Code-In / GSoC	दुनिया भर के किशोर	ओपन सोर्स में वास्तविक कोडिंग कार्य
राष्ट्रीय कोडिंग ओलंपियाड (कोडिंग निंजा)	स्कूली छात्र	प्रतिस्पर्धी प्रोग्रामिंग
TCS iON करियर एज	हाई स्कूल के छात्र	मुफ़्त करियर कौशल कार्यक्रम
स्टार्टअप में इंटर्नशिप	16+ आयु	हैंड्स-ऑन अनुभव

जीतें या हारें—आप दोनों तरह से सीखते हैं।

स्टेप 5: टेक में संभावित करियर पथ

एक बार जब आप अपने कौशल और परियोजनाओं का निर्माण कर लेते हैं, तो आप इनमें काम कर सकते हैं:

करियर	आप क्या करेंगे
सॉफ्टवेयर डेवलपर	एप्स, गेम, प्लेटफॉर्म बनाएं
वेब डेवलपर	वेबसाइटें, यूजर इंटरफेस डिज़ाइन करें
AI/ML इंजीनियर	स्मार्ट मशीनों, भविष्यवाणियों पर काम करें
साइबर सुरक्षा विश्लेषक	हैकर्स से सिस्टम की रक्षा करें
डेटा वैज्ञानिक	रुझानों को खोजने के लिए बड़े डेटा का विश्लेषण करें
गेम डेवलपर	गेमिंग तर्क बनाएं, गेमप्ले डिज़ाइन करें
एप डेवलपर	मोबाइल टूल और अनुभव बनाएं
टेक शिक्षक	दूसरों को कोडिंग और टेक सिखाएं

इनमें से कुछ को डिग्री की आवश्यकता होती है। कुछ को केवल कौशल + परियोजनाएं + जुनून की आवश्यकता होती है।

स्टेप 6: भर्तीकर्ता और कॉलेज क्या देखते हैं

चाहे आप कॉलेज की सीट, टेक इंटर्नशिप, या भविष्य की नौकरी के लिए आवेदन करें, यहाँ बताया गया है कि निर्णय लेने वाले क्या चाहते हैं:

वे क्या देखते हैं	यह क्यों मायने रखता है
✔ परियोजनाएं	सीखने का वास्तविक प्रमाण
✔ समस्या-समाधान	तार्किक, रचनात्मक सोच
✔ संचार	टेक को सरल शब्दों में समझा सकते हैं
✔ सहयोग	टीमों में काम कर सकते हैं
✔ निरंतर सीखना	नए टूल जल्दी सीखते हैं

अंक मदद करते हैं। लेकिन कौशल + पोर्टफोलियो जीतते हैं।

भारत में प्रसिद्ध टेक कॉलेज

टेक करियर के लिए यहाँ शीर्ष संस्थान दिए गए हैं:

- IITs – CS/AI में बी.टेक, एम.टेक
- NITs – नेशनल इंस्टीट्यूट ऑफ टेक्नोलॉजी
- IIITs – सूचना प्रौद्योगिकी के लिए शीर्ष
- BITS पिलानी / VIT / SRM / एमिटी – अग्रणी निजी टेक स्कूल
- IGNOU / DU / BHU / IPU – बीसीए और अल्पकालिक सीएस कार्यक्रम प्रदान करते हैं

इनमें से कई बुनियादी कोडिंग रुचि वाले सभी स्ट्रीम के छात्रों को स्वीकार करते हैं।

छात्रवृत्ति और मुफ़्त कोर्स

पैसे को अपने सपनों को रोकने न दें। **अन्वेषण करें:**

नाम	कौन आवेदन कर सकता है	आपको क्या मिलता है
Google इंडिया छात्रवृत्ति	STEM में लड़कियाँ	मुफ़्त प्रशिक्षण, मेंटरशिप
NSP (नेशनल स्कॉलरशिप पोर्टल)	सभी छात्र	सरकारी फंडिंग डिग्री के लिए
Coursera for Campus	भागीदार स्कूल	कोडिंग कोर्स तक मुफ़्त पहुंच

Code.org / Khan Academy	कोई भी	100% मुफ़्त कोडिंग पाठ्यक्रम
NPTEL (IIT कोर्स)	स्कूल और कॉलेज	टेक विषयों पर मुफ़्त + प्रमाणित कोर्स

अपने स्कूल से इन प्लेटफार्मों के साथ साझेदारी करने के लिए कहें।

वास्तविक-दुनिया की सफलता की कहानियां

• राज, 17 – एक न्यूज एप बनाया राज ने दैनिक समाचार सुर्खियों को लाने के लिए जावास्क्रिप्ट और APIs का उपयोग करके एक एप बनाया। उसने इसे GitHub पर साझा किया और इंटर्नशिप ऑफ़र प्राप्त किए!

• मीरा, 16 – एक स्टार्टअप में इंटर्नशिप की मीरा ने एक स्थानीय कोडिंग कार्यशाला में भाग लिया और एक स्टार्टअप गुरु को प्रभावित किया। वह अब एक अंशकालिक इंटर्न के रूप में उन्हें सुविधाओं का परीक्षण करने में मदद करती है।

• आरव, 18 – एक कोडिंग गुरु बने आरव ने स्कूली बच्चों को पायथन बेसिक्स समझाने वाले YouTube वीडियो बनाए। वह अब एक कोडिंग क्लब में पढ़ाते हैं और साइड में कमाते हैं।

आपका रोडमैप – अपनी यात्रा की योजना बनाएं

यहाँ एक सरल चेकलिस्ट दी गई है:

• कोडिंग बेसिक्स सीखना शुरू करें (पायथन, HTML)
• अपनी पहली 2–3 मिनी परियोजनाएं बनाएं
• एक कोडिंग क्लब या ऑनलाइन समुदाय में शामिल हों

- 1 प्रतियोगिता या हैकथॉन में भाग लें
- अल्पकालिक प्रमाणित कोर्सों का अन्वेषण करें
- अपना पोर्टफोलियो बनाएं
- कक्षा 12 के बाद का रास्ता तय करें (डिग्री या डिप्लोमा)
- इंटर्नशिप या कार्यशालाओं के लिए आवेदन करें

छोटा शुरू करें। लगातार बने रहें। एक समय में एक परियोजना।

अध्याय पुनरावृत्ति

आइए हमने जो सीखा है उसे संक्षेप में बताएं:
- आप कोडिंग के प्रति अपने प्यार को एक पूर्ण करियर में बदल सकते हैं
- **कई रास्ते हैं:** बी.टेक, बीसीए, डिप्लोमा, और छोटे कोर्स
- AIM और डिजिटल इंडिया जैसे सरकारी कार्यक्रम युवा कोडर्स का समर्थन करते हैं
- हैकथॉन, ओलंपियाड और इंटर्नशिप आपकी यात्रा को बढ़ावा देते हैं
- जल्दी शुरू करें, लगातार सीखते रहें, और अपना पोर्टफोलियो बनाएं

आपकी कोडिंग हॉबी सिर्फ मज़ेदार नहीं है—यह आपके भविष्य के करियर का टिकट है।

त्वरित प्रश्नोत्तरी

- कक्षा 12 के बाद कोडर्स के लिए दो करियर पथ क्या हैं?
- अटल इनोवेशन मिशन क्या है?
- टेक में छात्रों के लिए एक छात्रवृत्ति कार्यक्रम का नाम बताएं।
- अंकों की तुलना में एक पोर्टफोलियो अधिक महत्वपूर्ण क्यों है?
- आप स्कूल से ही टेक जॉब या कॉलेज के लिए कैसे तैयारी कर सकते हैं?

अंतिम गतिविधि:

अपनी टेक करियर योजना बनाएं इनका उत्तर दें:

- मैं अगले महीने कौन सा कोडिंग कोर्स लूंगा? ____________
- मुझे किस तरह की परियोजनाएं सबसे ज़्यादा उत्साहित करती हैं? ________
- मैं कक्षा 12 के बाद कौन सी स्ट्रीम/डिग्री पर विचार कर सकता हूं?_____ __________
- मैं भविष्य में कौन सा टेक करियर आज़माना चाहूंगा?_________ __________
- मैं इस सप्ताह एक क़दम क्या उठाऊंगा? ____________

अध्याय 15

कोडिंग का भविष्य

आगे क्या है ?

परिचय

कल में आपका स्वागत है आपने कोड करना सीख लिया है। आपने परियोजनाएं बनाई हैं। आप टेक में करियर के बारे में भी जानते हैं। लेकिन यहाँ बड़ा सवाल है: आगे क्या आ रहा है?
कोडिंग कैसे बदलेगी?
क्या यह आसान हो जाएगी? कठिन?
क्या AI कोडर्स को बदल देगा—या यह उनकी मदद करेगा? इस अंतिम अध्याय में, **हम अन्वेषण करेंगे:**

- टेक और कोडिंग में भविष्य के रुझान
- बनाने के नए तरीके (जैसे नो-कोड प्लेटफॉर्म)

• नैतिकता और रचनात्मकता क्यों मायने रखती है
• आप आगे डिजिटल दुनिया को कैसे आकार दे सकते हैं आइए भविष्य में समय यात्रा करते हैं—क्या आप तैयार हैं?

लो-कोड और नो-कोड प्लेटफॉर्म का उदय

कोडिंग अधिक सुलभ हो रही है। अब आपको कुछ अद्भुत बनाने के लिए 1000 लाइन कोड लिखने की आवश्यकता नहीं है। वहीं से लो-कोड और नो-कोड प्लेटफॉर्म आते हैं।

वे क्या हैं?

• लो-कोड = आप कुछ कोड लिखते हैं, लेकिन दृश्य उपकरणों (ड्रैग-एंड-ड्रॉप ब्लॉक, टेम्पलेट्स) का भी उपयोग करते हैं
• नो-कोड = आप पूर्व-निर्मित उपकरणों और तर्क का उपयोग करते हैं—कोई वास्तविक कोड नहीं लिखा जाता है

उदाहरण

प्लेटफॉर्म	यह क्या करता है
MIT एप इन्वेंटर	ब्लॉक का उपयोग करके एंड्रॉइड एप बनाएं
थंकाबल	कोई कोडिंग की आवश्यकता के बिना एप निर्माण
Bubble.io	पूरी वेबसाइटें और एप दृश्य रूप से बनाएं
कैनवा एप्स	AI ड्रैग-एंड-ड्रॉप के साथ मिनी टूल बनाएं
वेबफ्लो	कोड के बिना वेबसाइटें बनाएं
स्क्रैच	ब्लॉक के साथ बच्चों के गेम और एनिमेशन

यह क्यों मायने रखता है

• विकास की गति बढ़ाता है
• गैर-तकनीकी उपयोगकर्ता (डिज़ाइनर, शिक्षक, छात्र) उपकरण बना सकते हैं
• आपको विचारों का तेज़ी से परीक्षण करने में मदद करता है
• प्रोटोटाइपिंग या स्कूल परियोजनाओं के लिए बढ़िया

महत्वपूर्ण: ये उपकरण कोडिंग की जगह नहीं लेते हैं—वे आपको शुरू करने में मदद करते हैं। गहराई में जाने के लिए, वास्तविक कोडिंग अभी भी मायने रखती है।

कोडिंग + AI = महाशक्तियाँ

आपने पहले ही देखा है कि ChatGPT, GitHub Copilot, और Teachable Machine जैसे AI उपकरण डेवलपर्स की कैसे मदद कर रहे हैं। आइए थोड़ा और गहराई में जाते हैं।

कोडिंग में AI: क्या हो रहा है?

• AI कोड लिख सकता है (आपके मार्गदर्शन के साथ)
• AI बग ढूंढ सकता है और उन्हें ठीक कर सकता है
• AI कोड समझा सकता है (एक शिक्षक की तरह)
• AI दृश्य, आवाज़ और डिज़ाइन उत्पन्न कर सकता है

लेकिन याद रखें: AI को नेतृत्व करने के लिए एक स्मार्ट इंसान की आवश्यकता होती है। वहीं से आप आते हैं।

युवा कोडर्स के लिए अवश्य जानने योग्य AI उपकरण

टूल	यह किसमें मदद करता है
GitHub Copilot	जैसे ही आप टाइप करते हैं, कोड सुझाता है
ChatGPT	कोड को समझाने, डीबग करने या लिखने में मदद करता है
टीचएबल मशीन (Google द्वारा)	ML मॉडल को आसानी से प्रशिक्षित करें
रनवे ML	AI वीडियो और टूल बनाएं
स्क्रैच + ML एक्सटेंशन	साधारण गेम में ML का उपयोग करें
कागले नोटबुक	डेटा साइंस को हैंड्स-ऑन सीखें

AI डरावना नहीं है। यह आपका कोडिंग साइडकिक है!

टेक-संचालित दुनिया में नैतिकता

जैसे-जैसे तकनीक बढ़ती है, वैसे-वैसे ज़िम्मेदारियां यिां भी बढ़ती हैं।

जैसे सवालों के बारे में सोचें:

• क्या AI को यह तय करने की अनुमति दी जानी चाहिए कि किसे ऋण मिलता है?
• क्या कोई एप बिना पूछे आपके द्वारा की जाने वाली हर चीज़ को ट्रैक कर सकता है?
• क्या होगा अगर एक रोबोट ग़लती करता है—कौन ज़िम्मेदार है?
इन्हें नैतिक दुविधाएं कहा जाता है, और वे टेक निर्णय लेने का भविष्य हैं।

हर कोडर को सीखने योग्य सिद्धांत

- डेटा गोपनीयता – उपयोगकर्ता की जानकारी का सम्मान करें
- पारदर्शिता – दिखाएं कि आपका एप कैसे काम करता है
- समावेशन – सभी के लिए उपकरण प्रयोग करने योग्य बनाएं
- निष्पक्षता – AI या निर्णय तर्क में पूर्वाग्रह से बचें
- जवाबदेही – अपनी कृतियों का स्वामित्व लें

नैतिकता = अखंडता + सहानुभूति + स्मार्ट निर्णय भले ही आप मनोरंजन के लिए कोडिंग कर रहे हों, दयालुता और ईमानदारी के साथ बनाएं।

सॉफ्ट स्किल्स = बड़ा प्रभाव

भविष्य में, सर्वश्रेष्ठ कोडर्स केवल टाइप करने में अच्छे नहीं होंगे। **वे भी होंगे:**

- रचनात्मक समस्या-समाधानकर्ता
- प्रभावी संचारक
- महत्वपूर्ण विचारक
- सहानुभूतिपूर्ण टीम खिलाड़ी
- नैतिक निर्णय लेने वाले

"सॉफ्ट" स्किल्स "सुपर" स्किल्स बन जाएंगी।

ओपन सोर्स: कोड एक साथ, बढ़ो एक साथ

तेज़ी से स्तर बढ़ाना चाहते हैं? ओपन-सोर्स आंदोलन में शामिल हों। **ओपन सोर्स का अर्थ है:**

- परियोजनाएं जहां कोई भी कोड पढ़ सकता है, उपयोग कर सकता है या योगदान कर सकता है
- समुदाय जो ज्ञान साझा करके बढ़ते हैं
- उपकरण जो मुफ़्त, शक्तिशाली और दुनिया भर में उपयोग किए जाते हैं

प्रसिद्ध ओपन-सोर्स उपकरण

टूल	यह क्या करता है
Linux	सर्वर को शक्ति देने वाला ऑपरेटिंग सिस्टम
Firefox	वेब ब्राउज़र
WordPress	वेबसाइट बिल्डर
TensorFlow	AI/ML लाइब्रेरी
VS Code	कोड एडिटर
Python	हाँ, पायथन भी ओपन सोर्स है!

आप एक किशोर के रूप में भी योगदान कर सकते हैं:

- बग ठीक करें
- दस्तावेज़ीकरण का अनुवाद करें
- UI विचारों का सुझाव दें
- ट्यूटोरियल बनाएं

टिप: GitHub पर अन्वेषण करके शुरू करें। "good first issue" टैग देखें।

स्टार्टअप और उद्यमिता

नए विचार बनाना पसंद है? आप भविष्य के टेक संस्थापक हो सकते हैं। भारत का स्टार्टअप दृश्य फलफूल रहा है—और युवा दिमाग़ इसका हिस्सा हैं!

जानने योग्य युवा टेकप्रेन्योर्स

- **श्रावण और संजय कुमारन** – 12 साल की उम्र में एप बनाए
- **हर्षवर्धन और तन्मय बक्शी** – 18 साल से पहले AI विशेषज्ञ

• **रितेश अग्रवाल (OYO रूम्स)** – 17 साल की उम्र में कोडिंग के साथ शुरुआत की

आपको एक बड़े कार्यालय की आवश्यकता नहीं है। आपको आवश्यकता है:

- एक विचार
- एक टीम
- एक कार्यशील डेमो
- जुनून

Startup India और Tinkerpreneur Bootcamp जैसे प्लेटफॉर्म स्कूली छात्रों को जल्दी शुरू करने में मदद करते हैं।

एक डिजिटल-प्रथम दुनिया में आपका स्थान

भविष्य की दुनिया को चाहिए:

भूमिका	आवश्यक कौशल
डिजिटल डिज़ाइनर	कोड + रचनात्मकता
AI विचारक	तर्क + नैतिकता
टेक कम्युनिकेटर	कोड + कहानी कहने
एप बिल्डर्स	UX + बैकएंड
टेक-फॉर-गुड लीडर्स	कोड + सामाजिक प्रभाव

आपकी जो भी ताकत हो—डिज़ाइन, तर्क, लेखन, योजना—आप कल को आकार दे सकते हैं।

प्रयोग: आपकी “भविष्य-तैयार” चुनौती

इसे आज़माएं: एक ऐसे भविष्य की कल्पना करें जहाँ हर घर में एक रोबोट सहायक हो।
आप उससे क्या करवाना चाहेंगे?
वह कैसे सीखेगा?
अगर वह कोई ग़लती करता है तो क्या होगा?
इसके लिए एक छोटा एप आइडिया या फ्लोचार्ट लिखें। इस तरह शीर्ष नवप्रवर्तक सोचते हैं!

बोनस: देखने योग्य 5 भविष्य के रुझान

- क्वांटम कंप्यूटिंग – 0s और 1s से परे!
- बायोइन्फॉर्मेटिक्स – कोड + जीव विज्ञान = रोग-लड़ने वाले उपकरण
- मेटावर्स – डिजिटल दुनिया बनाएं
- एडटेक और AI ट्यूटर्स – व्यक्तिगत शिक्षा
- स्मार्ट सिटीज़ – बेहतर जीवन के लिए IoT + डेटा

जिज्ञासु रहें। ब्लॉग पढ़ें। TED टॉक्स देखें। पूछें “आगे क्या है?”

अध्याय पुनरावृत्ति

आइए पीछे मुड़कर देखें:

- कोडिंग दृश्य, AI-समर्थित, नैतिक और सहयोगी क्षेत्रों में विकसित हो रही है
- नो-कोड/लो-कोड बिल्डिंग को तेज़ और आसान बनाता है
- AI आपका सह-कोडर है, आपकी प्रतियोगिता नहीं
- नैतिकता, सॉफ्ट स्किल्स और रचनात्मकता तर्क जितनी ही मायने रखती हैं
- डिजिटल दुनिया आपके नेतृत्व का इंतज़ार कर रही है!

त्वरित प्रश्नोत्तरी

- नो-कोड प्लेटफॉर्म क्या है?
- AI या कोडिंग में एक नैतिक मुद्दे का नाम बताएं।
- ओपन सोर्स क्या है?
- एक टेक उद्यमी बनने के लिए आपको किन कौशलों की आवश्यकता है?
- AI आपको बेहतर कोड करने में कैसे मदद कर सकता है?

अंतिम गतिविधि:

अपनी "2035" करियर पोस्टर डिज़ाइन करें

- जॉब टाइटल: ____________________
- मैं क्या बनाऊंगा: ____________________
- मैं जिन उपकरणों का उपयोग करूंगा: ____________________
- मेरी महाशक्ति कौशल: ____________________
- मुझसे क्या बदलेगा: ____________________ इसे प्रिंट करें। इसे चिपकाएं। इसे सपने में देखें। इसे जिएं।

शब्दावली

50 कोडिंग शब्द सरलीकृत

• **एल्गोरिदम (Algorithm)** – एक समस्या को हल करने के लिए निर्देशों का एक क़दम-दर-क़दम सेट।

• **API (एप्लिकेशन प्रोग्रामिंग इंटरफ़ेस)** – एक उपकरण जो विभिन्न एप्स को एक-दूसरे से बात करने देता है।

• **एरे (Array)** – एक ही वेरिएबल में संग्रहीत वस्तुओं की एक सूची।

• **आर्टिफिशियल इंटेलिजेंस (AI)** – जब कंप्यूटर ऐसे कार्य कर सकते हैं जिनके लिए आमतौर पर मानवीय बुद्धिमत्ता की आवश्यकता होती है।

• **बैकएंड (Backend)** – वेबसाइट/एप का वह हिस्सा जो उपयोगकर्ताओं को नहीं दिखता (डेटा, तर्क, डेटाबेस)।

• **बूलियन (Boolean)** – दो मानों वाला एक डेटा प्रकार: सत्य या असत्य।

• **बग (Bug)** – कोड में एक त्रुटि या समस्या जो इसे सही ढंग से काम करने से रोकती है।

• **क्लास (Class)** – ऑब्जेक्ट-ओरिएंटेड प्रोग्रामिंग में समान ऑब्जेक्ट बनाने के लिए एक ब्लूप्रिंट।

• **क्लाउड कंप्यूटिंग (Cloud Computing)** – इंटरनेट पर डेटा और सॉफ्टवेयर को संग्रहीत करना और एक्सेस करना।

- **कोड (Code) –** कंप्यूटर को कुछ करने के लिए लिखे गए निर्देश।

- **कंपाइलर (Compiler) –** एक उपकरण जो कोड को उस भाषा में परिवर्तित करता है जिसे कंप्यूटर समझता है।

- **CSS (कैस्केडिंग स्टाइल शीट्स) –** HTML पृष्ठों को स्टाइल करने के लिए उपयोग किया जाता है।

- **डेटा साइंस (Data Science) –** निर्णय या भविष्यवाणियां करने के लिए डेटा में पैटर्न खोजना।

- **डेटाबेस (Database) –** व्यवस्थित डेटा को डिजिटल रूप से संग्रहीत करने का स्थान।

- **डीबगिंग (Debugging) –** एक प्रोग्राम में बग्स को ठीक करना।

- **फ्रंटएंड (Frontend) –** वेबसाइट/एप का वह हिस्सा जिसे आप देख और इंटरैक्ट कर सकते हैं।

- **फंक्शन (Function) –** कोड का एक पुनः प्रयोज्य ब्लॉक जो एक विशिष्ट कार्य करता है।

- **गिट (Git) –** एक उपकरण जो आपके कोड में परिवर्तनों को ट्रैक करता है।

- **गिटहब (GitHub) –** कोड परियोजनाओं को संग्रहीत और साझा करने के लिए एक वेबसाइट।

- **HTML (हाइपरटेक्स्ट मार्कअप लैंग्वेज) –** वेब पेज बनाने के लिए उपयोग किया जाता है।

• **IDE (एकीकृत विकास पर्यावरण)** – VS Code या Thonny जैसा एक कोडिंग वर्कस्पेस।

• **इफ-एल्स स्टेटमेंट (If-Else Statement)** – कोड जो निर्णय लेता है।

• **इनपुट (Input)** – एक प्रोग्राम को दिया गया डेटा।

• **जावास्क्रिप्ट (JavaScript)** – एक भाषा जो वेबसाइटों को इंटरैक्टिव बनाती है।

• **लाइब्रेरी (Library)** – विशिष्ट कार्यों के लिए पूर्व-लिखित कोड का एक संग्रह।

• **लूप (Loop)** – कोड जो एक शर्त पूरी होने तक दोहराता है।

• **लो-कोड (Low-code)** – दृश्य उपकरणों और कोड की छोटी मात्रा के मिश्रण का उपयोग करके सॉफ्टवेयर बनाना।

• **मशीन लर्निंग (ML)** – AI का एक प्रकार जहाँ कंप्यूटर डेटा से सीखते हैं।

• **मोबाइल एप (Mobile App)** – स्मार्टफोन और टैबलेट पर चलने वाला एक सॉफ्टवेयर प्रोग्राम।

• **नो-कोड (No-code)** – कोड लिखे बिना सॉफ्टवेयर बनाना।

• **ऑब्जेक्ट (Object)** – प्रोग्रामिंग में एक चीज़ जिसमें डेटा और फ़ंक्शन होते हैं।

• **ओपन सोर्स (Open Source)** – कोड जिसका कोई भी स्वतंत्र रूप से

उपयोग, संशोधित और साझा कर सकता है।

• **आउटपुट (Output)** – प्रोग्राम चलने के बाद क्या देता है (जैसे परिणाम)।

• **पायथन (Python)** – एक शुरुआती-अनुकूल और शक्तिशाली प्रोग्रामिंग भाषा।

• **स्क्रैच (Scratch)** – बच्चों के लिए एक दृश्य प्रोग्रामिंग प्लेटफॉर्म।

• **सॉफ्टवेयर डेवलपर (Software Developer)** – एक व्यक्ति जो प्रोग्राम या एप बनाता है।

• **स्ट्रिंग (String)** – वर्णों का एक समूह (अक्षर, संख्याएं, प्रतीक)।

• **सिंटैक्स (Syntax)** – कोड कैसे लिखा जाना चाहिए, इसके नियम।

• **UI (यूजर इंटरफ़ेस)** – उपयोगकर्ता स्क्रीन पर किससे इंटरैक्ट करते हैं।

• **UX (यूजर एक्सपीरियंस)** – किसी उत्पाद का उपयोग करने का अनुभव (आसानी, डिज़ाइन, भावना)।

• **वेरिएबल (Variable)** – कोड में मानों को संग्रहीत करने के लिए एक कंटेनर।

• **वर्जन कंट्रोल (Version Control)** – समय के साथ कोड परिवर्तनों को ट्रैक करना।

• **विजुअल प्रोग्रामिंग (Visual Programming)** – टेक्स्ट के बजाय ड्रैग-एंड-ड्रॉप ब्लॉक का उपयोग करके कोडिंग।

• **वेब डेवलपमेंट (Web Development)** – वेबसाइट और वेब एप बनाना।

• **व्हाइल लूप (While Loop)** – एक लूप जो एक शर्त सत्य होने तक चलता रहता है।

• **जावा (Java)** – एंड्रॉइड एप्स और एंटरप्राइज़ सॉफ्टवेयर में उपयोग की जाने वाली एक लोकप्रिय भाषा।

• **C++** – गेमिंग और सिस्टम डेवलपमेंट में उपयोग की जाने वाली एक शक्तिशाली भाषा।

• **थॉनी (Thonny)** – पायथन सीखने के लिए एक शुरुआती-अनुकूल IDE।

• **बूलियन लॉजिक (Boolean Logic)** – सत्य/असत्य मानों के साथ तर्क का एक रूप, कोडिंग निर्णयों में उपयोग किया जाता है।

• **कंपाइलर एरर (Compiler Error)** – एक संदेश जो आपको तब मिलता है जब कोड में कोई ग़लती होती है और वह नहीं चलता है।

पुस्तक सारांश

– मुख्य बातें **द बिग बुक ऑफ कोडिंग फॉर टीनएजर्स प्रोग्रामिंग**, सॉफ्टवेयर और टेक करियर की दुनिया में प्रवेश करने के लिए आपकी मार्गदर्शिका है। यहाँ आपने क्या खोजा है:

मूल बातें समझना

• कोडिंग = कंप्यूटर को निर्देश देना।
• पायथन और जावास्क्रिप्ट जैसी प्रोग्रामिंग भाषाएं आपको मशीनों से बात करने में मदद करती हैं।
• फ्रंटएंड और बैकएंड किसी भी टेक उत्पाद के दो पहलू हैं।

कोड करना सीखना

• आप स्क्रैच जैसे दृश्य उपकरणों से शुरुआत कर सकते हैं और पायथन या HTML/CSS पर जा सकते हैं।
• आसानी से कोडिंग शुरू करने के लिए VS Code या Thonny जैसे IDEs का उपयोग करें।
• सर्वश्रेष्ठ शुरुआती साइटें: W3Schools, Code.org, खान अकादमी।

समस्या-समाधान और तर्क

• समस्याओं को चरणों में तोड़ें (एल्गोरिदम)।
• कंप्यूटर की तरह तार्किक रूप से सोचें।
• डीबगिंग आपकी सोच को बेहतर बनाने में मदद करती है।

वास्तविक चीज़ें बनाएं

• टू-डू एप्स, गेम, वेबसाइटें, क्विज़ बनाएं।
• आपकी परियोजनाएं आपके अंकों से अधिक मायने रखती हैं।

AI, विजुअल कोडिंग और उपकरण

• ChatGPT, GitHub Copilot, और Teachable Machine जैसे उपकरण आपको तेज़ी से निर्माण करने में मदद कर सकते हैं।
• लो-कोड और नो-कोड प्लेटफॉर्म एप बनाना बेहद सरल बनाते हैं।

करियर जागरूकता

• भूमिकाओं में सॉफ्टवेयर डेवलपर, गेम डिज़ाइनर, AI इंजीनियर, साइबर सुरक्षा विश्लेषक, और बहुत कुछ शामिल हैं।
• अपना पोर्टफोलियो बनाएं, हैकथॉन में शामिल हों, और ओपन-सोर्स परियोजनाओं का अन्वेषण करें।

हर कोई कोड कर सकता है

• टेक में लड़कियाँ, कोडिंग क्लब, और स्कूल की पहल रूढ़ियों को तोड़ने में मदद करती हैं।
• NEP 2020 डिजिटल साक्षरता और 21वीं सदी के कौशल को बढ़ावा देता है।

अपने टेक भविष्य की योजना बनाएं

• BCA, B.Tech, AI विशेषज्ञता, या यहां तक कि बूटकैंप का अन्वेषण करें।
• अपनी शिक्षा को बढ़ावा देने के लिए डिजिटल इंडिया, स्किल इंडिया और

AIM कार्यक्रमों का उपयोग करें।

आगे क्या है ?

• कोडिंग आसान, तेज़ और अधिक सहयोगी होती जा रही है।
• नैतिकता, सॉफ्ट स्किल्स और रचनात्मक सोच आपकी सफलता को परिभाषित करेंगी।

अंतिम संदेश:

आपको कोड करने के लिए प्रतिभाशाली होने की आवश्यकता नहीं है। आपको बस जिज्ञासु, सुसंगत और रचनात्मक होने की आवश्यकता है। छोटा शुरू करें। चलते रहें। आपकी डिजिटल यात्रा आज से शुरू होती है!

www.ingramcontent.com/pod-product-compliance
Lightning Source LLC
LaVergne TN
LVHW060627051026
849519LV00002B/789